THOMAS
THWAITES

MEIN LEBEN ALS ZIEGE

POLYGLOTT

THOMAS THWAITES

MEIN LEBEN ALS ZIEGE

Wie ich mir eine Auszeit von meinem Leben als Mensch nahm

Aus dem Englischen von Heide Horn und Christa Prummer-Lehmair

Es ist besser, ein unzufriedener Mensch zu sein als ein zufriedenes Schwein; besser ein unzufriedener Sokrates als ein zufriedener Narr. Und wenn der Narr oder das Schwein anderer Ansicht sind, dann deshalb, weil sie nur ihre eigene Seite der Angelegenheit kennen. Die andere Partei hingegen kennt beide Seiten.

John Stuart Mill,
Der Utilitarismus (1863)

Gewidmet meinen Eltern
Lyndsay Thwaites und Philip Thwaites

Inhalt

Einleitung

WATERLOO, LONDON

(sonnig, aber kalt)

Die Erde dreht sich, der morgendliche Berufsverkehr ist in vollem Gange. *Tripp-trapp*, hasten die Menschen vorüber, *klipp-klapp*, die Treppe hoch, auf die Brücke, über die Themse, in die Londoner City zur Arbeit. Männer und Frauen streben entschlossen in dieselbe Richtung. Leute aus der Finanzbranche in Anzug und Krawatte, Kreative in Jackett und Jeans, IT-Typen und all jene, die nicht den kompetenten Powertypen herauskehren wollen, in Jeans und T-Shirt. Mit dem beruflichen Dresscode bei Frauen bin ich nicht so vertraut, aber ich denke, dass es etwas Ähnliches gibt, vielleicht feinere Unterscheidungsmerkmale, die mir nicht auffallen, jedenfalls nicht bewusst (eine Freundin, die mal in einem Louis-Vuitton-Geschäft gearbeitet hat, hat mir erzählt, dass die Verkäuferinnen darauf trainiert waren, eine Frau, die den Laden betrat, nach ihren Haaren zu beurteilen, nicht nach ihrem Outfit. Tadellos sitzende Frisur mit abgerissener Kleidung = exzentrische Aristokratin. Nur abgerissene Kleidung = Obdachlose).

Wie dem auch sei, ich jedenfalls gehöre nicht zu denen, die sich fröhlich auf den Weg ins Büro machen, in Jeans und T-Shirt (oder in meinem Fall eher Jackett und Jeans). Warum nicht? Weil ich eine Woche lang auf den Hund meiner Nichte aufpasse. Weil ich es zeitlich einrichten kann. Weil ich keinen (richtigen) Job habe. Und somit auch kein Büro, in das ich gehen könnte. Meine Freundin hat einen richtigen Job und steigt gerade mit klappernden Absätzen die Treppe hoch, um über die Brücke zur Arbeit zu gehen, aber ich bin vorher abgebogen, sitze vor der Filiale einer Café-Kette, den Hund zu meinen Füßen, und sehe zu, wie der Rest der Welt an mir vorbeiströmt.

Diese Szene fasst mein derzeitiges Dasein ganz gut zusammen. Andere marschieren zielstrebig vorbei, kommen weiter auf dem Weg zu ihrem Job, ihrer Karriere und was sonst noch zu ihrem Erwachsenenleben gehört, während ich vor meinem Kaffee sitze und die wichtigste Aufgabe meines Tages darin besteht, Noggin (den Hund) davon abzuhalten, dass er etwas Ekelerregendes vom Gehweg frisst. Ich bin jetzt dreiunddreißig Jahre alt, und allmählich macht es mir ein bisschen Sorgen, dass ich keinen (richtigen) Job habe – naja, wegen der Zukunft. Klar, von meiner Arbeit als freiberuflicher Designer kann ich *im Moment* leben, doch vielleicht muss ich ja in absehbarer Zeit eine Familie ernähren. Ich bin ein erwachsener Mann, lebe aber (de facto) noch bei meinem Vater (mein Einstieg in den hochpreisigen Londoner Immobilienmarkt steht aus). Gestern wurde mein Antrag auf Eröffnung eines Bankkontos abgelehnt (heute Morgen in einem Brief bestätigt). Und ich warte weiter auf die Antwort von diesem Personalvermittler, dem ich vor zwei Wochen meine Bewerbung geschickt habe.

Okay, okay – schon klar, verglichen mit vielen anderen bin ich ein reiches Söhnchen mit einem weitgespannten Sicherungsnetz (schließlich könnte ich ja auch für immer und ewig bei meinem Vater wohnen bleiben), was mir meine Freundin in unserem Streit gestern Abend *ausführlich* dargelegt hat. Allerdings hilft es mir in meiner derzeitigen Misere auch nicht weiter, als Scheckbuchhippie bezeichnet zu werden. Auf einem Sicherungsnetz kann man zwar wunderbar ein Weilchen herumhüpfen, aber wenn man im großen Zirkuszelt des Lebens ein sicheres Podest erreichen will, führt nur eine Leiter zum Ziel. Ich sollte inzwischen viel weiter oben sein, wenn ich jemals ein aufstrebender Mann mittleren Alters in komfortablen, gesicherten Verhältnissen sein will. Zumindest sollte ich das Nest verlassen haben und über eine Art geregeltes Einkommen verfügen. Ich bin dreiunddreißig, Mann! Stattdessen … nichts. Und von nichts kommt nichts. Meine Selbstachtung ist auf dem Tiefpunkt.

Ach komm, Thomas, hattest du nicht bereits Erfolg? Eines deiner Projekte (das Toaster-Projekt) wurde vom Victoria and Albert Museum erworben – für unser Land, für die Nachwelt. Um Himmels willen, das ist doch ein Plus! Und für dein Buch über das Toaster-Projekt hast du positives Feedback aus aller Welt erhalten. Noch ein Plus! Du hast eine darauf basierende, vierteilige Fernsehserie moderiert. Ein Plus mehr! Aber: Die Serie war total peinlich und wurde (zum Glück) nur in Vietnam, Australien und Korea (Südkorea, glaube ich) ausgestrahlt. Ein Minus. Das Buch muss ein Glückstreffer, ein Ausreißer gewesen sein, und du bist eine Eintagsfliege (5 × minus). Zudem ist das Toaster-Projekt vier Jahre her! Und jetzt? Du warst oben, jetzt bist du auf dem absteigenden Ast. Während du dich im Erfolg deiner Toastergeschichte gesonnt hast, haben deine Altersgenossen promoviert, Provisionen kassiert, Karriere gemacht, *es nach oben geschafft*. Dein ältester Freund ist inzwischen (richtiger) Doktor! Neulich musste er beim heldenhaften Versuch, einem Mann das Leben zu retten, mit bloßen Händen in dessen Brustkorb greifen und sein Herz massieren. Leider ist der Mann gestorben, aber trotzdem. Und was machst du, Thomas? Du trinkst Kaffee, wirst alt (1 × minus) und grau (10 × minus) und rettest niemandem das Leben. Es ist, als wäre ich vorn dabei gewesen, dann aber vom Gas gegangen, um anzuhalten und am Begleitgrün zu schnuppern. Nun schaue ich mich um und stelle fest: Jeder, den ich kenne, ist mit irgendwas beschäftigt, mit irgendwas Wichtigem, ist mir weit voraus, und mein Auto springt nicht mehr an. Ich stecke fest. Ich stecke fest in einem großen schwarzen Loch.

Ach Thomas, du Armer. Ich merke, wie selbstbezogen solche Gedanken sind und wie bedeutungslos angesichts der Probleme, mit denen andere kämpfen. Gott sei Dank muss ich mir nicht den Kopf darüber zerbrechen, wo meine nächste Mahlzeit herkommt. Aber das sind nun mal meine Sorgen, und sie machen mir gerade zu schaffen.

Haben eigentlich alle Menschen auf der Welt ihre eigene Konstellation von Sorgen, die wie Ebbe und Flut kommen und gehen, die davontreiben, nur um mit aller Macht zurückzukehren? Mein Neffe ist vierdreiviertel Jahre alt und macht sich Sorgen über das Sterben – nicht nur darüber, dass er sterben wird, sondern dass der Tod überhaupt existiert. Dass eines Tages seine Mutter, sein Vater, er und alle anderen unweigerlich sterben werden (eine schockierende Tatsache, wenn man es gerade erst herausgefunden hat). Ja, selbst die Queen hatte zu Lebzeiten Sorgen. Sie wurde in ein äußerst privilegiertes Leben hineingeboren. Was bereitete ihr Unbehagen? Die Bürde der Tradition? Oder die Aussichten ihres Thronerben? Mensch zu sein bedeutet Sorgen zu haben.

Noggin dagegen. Ich vermute mal, dass er Vorlieben (Essensreste auf dem Boden), Abneigungen (allein gelassen zu werden) und vielleicht sogar *Wünsche* für die unmittelbare Zukunft hat (könnte ich doch diesen Essensrest da drüben fressen), glaube jedoch nicht, dass er sich Sorgen macht. In allen anderen wesentlichen Aspekten gleichen sich Noggin und die inzwischen verstorbene Queen: Essen, Schlafen, Verdauung, Kommunikation, Benutzen von Werkzeugen (Noggin kann das zwar nicht, dazu ist er nicht schlau genug, aber man hat einen Verwandten von ihm, einen Dingo, beobachtet, wie er einen Tisch herumschob, um ihn als Trittleiter zu benutzen). Doch Sorgen?

Um sich über etwas Sorgen zu machen, muss man sich vorstellen können, dass es passieren wird oder nicht. Man muss einen Begriff von der Zukunft haben. Im Moment beschäftige ich mich viel mit der Zukunft und empfinde es als schwierig, mir meine eigene vorzustellen. Aber nicht nur meine mangelnden Aussichten sind bedrückend – dasselbe gilt für die Zukunft der Welt an sich. Wenn man die Nachrichten liest, wird klar, dass wir alle ziemlich in der Scheiße stecken. Die Kluft zwischen Arm und Reich wird sich zu einer gähnenden Schlucht ausweiten (wobei ich hoffentlich auf Seite der Reichen lande), wir befinden uns mitten im sechsten großen Massenaussterben der Arten (verursacht von uns allen), Ökosysteme werden bis an die Belastungsgrenze strapaziert, dazu noch die Terroristen – grausame Verbrecher, die trotzdem immer mehr Zulauf haben! Der Klimawandel wird die Probleme verschlimmern, sodass wir alle dem Untergang geweiht sind. Dem Untergang! Oh ja, es gibt genug Grund zur Sorge.

Queen: besorgt

Noggin: ohne Sorgen

Wäre es nicht schön, diese speziell menschliche Fähigkeit mal zu vergessen? Ganz im Augenblick zu leben, ohne Gedanken daran, was man getan hat, gerade tut oder tun sollte? Wäre es nicht schön, den Zwängen und Erwartungen nicht nur der Gesellschaft, Kultur und Herkunft, sondern der eigenen Biologie zu entkommen? Den Sorgen zu entfliehen, die mit dem Menschsein verbunden sind? Die komplexe Welt hinter sich zu lassen und Urlaub zu machen, nicht nur von Alltag und Job (wenn man einen hat), sondern vom eigenen Selbst? Eine Auszeit vom Menschsein zu nehmen? Den Ballast abzuwerfen und nur die absoluten Grundbedürfnisse zu befriedigen? Ohne die Annehmlichkeiten der Zivilisation, aber auch ohne alles, was das Leben so kompliziert macht. Leichtfüßig auf der Erde zu wandeln, kein blutiges Leiden zu verursachen, zufrieden von Pflanzen zu leben. Von der unmittelbaren Umgebung völlig in Anspruch genommen zu grasen, auf dem Boden zu schlafen – mehr nicht? Frei und ungebunden durch die Landschaft zu streifen! Wäre es nicht schön, eine Weile lang ein Tier zu sein?

Ach herrje. Erwartungsfroh hatte ich die Betreffzeile gelesen, nach den üblichen Floskeln einer Absage gesucht – wie »nach sorgfältiger Prüfung« –, kurz ein Hochgefühl gehabt, ehe ich mir die Bewerbung, die ich einige Wochen zuvor als Ausweg aus meiner Misere eingereicht hatte, nochmal durchlas. Was stand da? Ach. Ach herrje.

Da stand, dass ich vorhatte, ein Exoskelett zu bauen, das fünf Millionen Jahre menschlicher Evolution rückgängig machen und meine Anatomie als Zweibeiner der eines Vierbeiners anpassen würde. Und einen künstlichen Magen entwickeln würde, um Gras zu essen und zu verdauen. Dass ich meine Augen und Ohren anpassen und meine Sinne trainieren würde. Mithilfe transkranieller Magnetstimulation das Planungs- und Sprachzentrum meines Gehirns ausschalten würde, um das Leben aus der Perspektive eines Elefanten zu erfahren. Und schließlich in diesem Exoskelett als Elefant die Alpen überqueren würde.

Oh Mann, ich bin ein Idiot und habe viel zu viel versprochen. Sie werden merken, dass ich geblufft habe (minus). Mir fehlt die Kraft (noch ein Minus). Es ist lächerlich, sinnlos und gar kein richtiges Designprojekt (minus). Es ist eine Verschwendung von Geld, das man für die Entwicklung eines Krebsmedikaments nutzen könnte (minus). Niemals schaffe ich es vor Wintereinbruch über die Alpen. Ich hätte verdammt noch mal dabeibleiben sollen, Küchengeräte zu fabrizieren.

Es wäre allerdings gut, wenn es funktionieren würde …

The Wellcome Trust
Streng vertraulich

Sehr geehrter Mr. Thwaites,

Kunststipendium

Danke für Ihre Bewerbung im Rahmen unseres Kunstförderprogramms. Ich freue mich, Ihnen mitteilen zu können, dass Ihr Antrag auf Finanzierung des Projekts »Ich möchte ein Elefant sein« erfolgreich war. Nach Ansicht des Förderausschusses handelt es sich um die äußerst reizvolle Idee eines vielversprechenden experimentellen Designers. Der Ausschuss ist zuversichtlich, dass der Antragsteller eine qualitativ hochwertige und interessante Arbeit vorlegen wird. Einige Mitglieder wiesen darauf hin, dass der Zeitplan ziemlich eng zu sein scheint, und empfehlen, ihn noch einmal zu überdenken.

Sollten Sie das Stipendium aus irgendeinem Grund nicht annehmen können, kontaktieren Sie uns bitte so bald wie möglich.

Mit freundlichen Grüßen

Jenny Paton
Kunstberaterin
Public Engagement
Stipendien Medical Humanities und Public Engagement
Wellcome Trust

1 Seele

Seele

KOPENHAGEN, DÄNEMARK

(eisig kalt)

Yep, ich bin definitiv in Kopenhagen. Während ich darauf warte, die Straße überqueren zu können, saust ein durchtrainierter, in Lycra gekleideter Däne auf Rollskiern an mir vorbei (die Rollen machen den fehlenden Schnee wett).

Ich wurde nach Dänemark eingeladen, um eine »Masterclass« (so meine Gastgeber) zu geben, und ich reise über Kopenhagen, weil ich hier jemanden treffen will, der mir hoffentlich bei meinem Elefantenprojekt weiterhelfen kann. Deswegen bin ich jetzt auf der Suche nach einer Adresse namens Ballonparken: ein Viertel im Zentrum Kopenhagens mit einhundert kleinen Holzhäuschen, die im Zweiten Weltkrieg zur Lagerung von Sperrballons errichtet wurden. Inzwischen lebt hier eine »unabhängige, selbstverwaltete Gemeinschaft«; die Häuschen sind zur Heimat für Individualisten geworden, die dem Mainstream etwas entgegensetzen wollen. Unter diesen Individualisten befindet sich auch eine Schamanin, und zu ihr möchte ich.

Meine Sicht auf das Leben hat sich verändert, die in der Einleitung geschilderte melancholische Stimmung ist verflogen. Meine Lebensangst hat sich gelegt, der Streit mit meiner Freundin ist Schnee von gestern, und auch mein selbstbezogenes Kreisen um die eigenen Probleme ist überwunden. Dass ich hier auf eine Einleitung Bezug nehme, bedeutet, dass ich das Manuskript an die Princeton Architectural Press geschickt habe und man wahrscheinlich ein Buch daraus machen will. Wenn ich es denn schaffe, das vermaledeite Ding fertigzustellen. Und falls ja, nun, dann also: »Hallo, geneigter Leser!«

Auch wenn es vielleicht nur daran liegt, dass mein Handy kaputt ist und ich nicht mehr alle fünf Minuten die Nachrichten checken kann – sogar mein Gefühl, dass die Welt am Abgrund steht, ist passé. Natürlich läuft da draußen eine Menge schief, aber vieles geht auch in die richtige Richtung. Die Kluft zwischen Arm und Reich mag wachsen, aber die extreme Armut sinkt. Die Weltbevölkerung wird in ein paar Jahren ihren Höhepunkt erreicht haben und dann abnehmen, und dank technischer Fortschritte werden wir alle ein angenehmes und erfülltes Leben führen, ohne das Klima zu sehr aus dem Gleichgewicht zu bringen. Hurra! (Und die Terroristen? Welche Terroristen? Das sind doch nur die total durchgeknallten Idioten der aktuellen Saison, und jede Generation bringt ihren eigenen Haufen Verrückter hervor.)

Kurzum, mit der Welt und mir geht es aufwärts! Doch während ich richtig gut drauf bin, ist das grandiose Projekt, ein Elefant zu werden, ganz leise zum Stillstand gekommen. Bitte stecken Sie es nicht dem Wellcome Trust, aber ich habe mich um das Thema herumgedrückt, weil ich mit anderen netten Dingen beschäftigt war (wie dieser, äh, *Master*class). Es hat sich nämlich ein grundsätzliches Problem bei meinem Ich-möchte-ein-Elefant-sein-Projekt aufgetan: Ich möchte gar kein Elefant mehr sein.

Für das Elefantendasein hatte ich mich hauptsächlich aus praktischen Gründen entschieden. Als ich dem Wellcome Trust meinen Vorschlag unterbreitete, erschien es mir vom Gestalterischen her eher machbar, ein Elefant zu werden als ein anderes nichtmenschliches Tier, das, wie ich es mir vorstelle, frei durch die Landschaft streift.

Die Evolution: purer Zufall! – Also zufällige Mutation, gefolgt von natürlicher Auslese!

Dabei ging ich von folgenden Annahmen aus: Erstens, der Körper eines Elefanten ist ziemlich groß, sodass ich ausreichend Platz im Innern hätte und keine knifflige Feinmechanik benötigen würde. Zweitens sind Elefanten aufgrund ihrer Größe eher langsam und schwerfällig, oder? Sollte sich also mein Exoskelett als langsam und schwerfällig herausstellen, was ich befürchtete, würde das nichts ausmachen. Und drittens war da noch die Sache mit der Länge des Halses. Für mich der entscheidende Punkt.

Die Halslänge hielt ich deswegen für so wichtig, weil ich mir zwar problemlos vorstellen konnte, meine Arme zu verlängern, um zum Vierfüßer zu werden, mir aber die Fantasie dafür fehlte, wie ich analog dazu meinen Hals verlängern sollte. Elefanten sind also ziemlich einzigartig, da sie grasfressende Tiere sind, obwohl ihr Hals im Verhältnis zu den Beinen recht kurz ist.

Das Wichtigste im Leben eines Tieres ist es, nicht als Futter für andere Tiere zu enden. Um nicht bei lebendigem Leib verschlungen zu werden, können lange Beine und Schnelligkeit entscheidende Vorteile sein. Aber ebenso wichtig ist es natürlich, selbst zu fressen. Pflanzenfressende Vierbeiner ernähren sich hauptsächlich von Gras und Blättern, Futter mit niedriger Energiedichte, was bedeutet, dass sie große Mengen davon zu sich nehmen müssen. Tatsächlich müssen sie etwa 60 Prozent ihrer wachen Zeit mit Fressen verbringen. Und weil sich ihr Futter häufig zu ihren Füßen befindet, ist ein Hals, der lang genug ist, um den Kopf mit möglichst wenig Aufwand nach unten zu neigen, eindeutig von Vorteil.

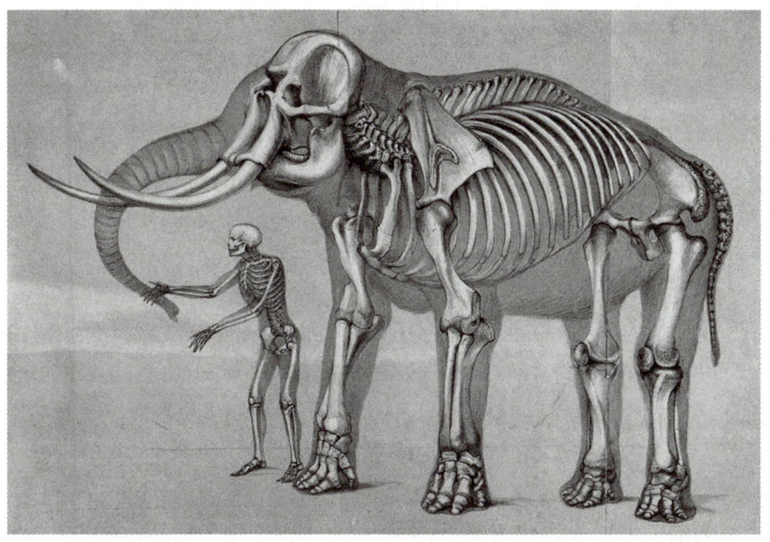

Bei Elefanten und uns der gleiche kurze Hals. Tafel 6 aus: A Comparative View of the Human and Animal Frame (1860) von Benjamin Waterhouse Hawkins.

Um also die beiden vorteilhaften Eigenschaften der Schnelligkeit und Effizienz beim Grasen zu optimieren, hat die Evolution dadurch, dass schlechter angepasste Tiere gefressen werden oder verhungern (oder eine grausige Kombination aus beidem), dafür gesorgt, dass die Hälse aller vierbeinigen Pflanzenfresser ungefähr so lang sind wie ihre Beine.[1] Nur nicht beim Elefanten.

Beim Elefanten hat die Evolution einen radikal anderen Weg eingeschlagen: die Beine wachsen lassen (und das ganze Tier dazu! – abgesehen vom Hals). Dann muss eben das Futter zum Gesicht und nicht umgekehrt. Und wie? Mit der Nase! So hatte mich unser gemeinsames Merkmal, der (relativ) kurze Hals, auf den Elefanten gebracht.

1 **Natürlich könnte sich ein Tier mit langen Beinen und kurzem Hals auch zum Fressen hinknien, aber damit würde es zur leichten Beute.**

Doch nun hatte ich kürzlich die Gelegenheit gehabt, nach Südafrika zu reisen (wie gesagt, es ging aufwärts), und natürlich hatte ich an einer Safari teilgenommen, in der Hoffnung, Elefanten zu sehen. Was auch geschah. Aber ihnen in der Wildnis zu begegnen – und dabei beängstigend nahe zu kommen – machte mir klar, dass die meisten Vorteile, die ich Elefanten im Hinblick auf mein Projekt zugeschrieben hatte, nur eine Illusion waren. Der »Vorteil« der imposanten Körpergröße löste sich in Luft auf, als ich sah, wie riesig Elefanten sind. Um wirklich zu fühlen, wie das Leben als Elefant wäre, müsste mein Exoskelett mindestens die Größe eines Familienkombis haben und mir genug Kraft verleihen, einen Baum mühelos umstoßen zu können. Das wäre nur mit eingebautem Motor möglich, und dann hätte ich mehr oder weniger ein Auto mit Beinen. Das ist zwar ein lobenswertes und nicht gänzlich unerforschtes Ziel, aber doch nicht das, worauf ich eigentlich hinauswill.

Und ja, Elefanten haben den so wichtigen kurzen Hals, aber dafür auch den so wichtigen Rüssel. Je mehr ich darüber nachgrübelte, wie ich einen funktionierenden Rüssel zuwege bringen sollte, desto unmöglicher erschien es mir. Das Massachusetts Institute of Technology hat einen künstlichen Rüssel entwickelt, aber erstens bin ich nicht das MIT, und zweitens arbeitet er mit Druckluft. Man müsste einen Kompressor mit sich herumtragen, der wiederum einen Motor benötigen würde, und schon hat man wieder ein Auto mit Beinen. Autos verheißen Freiheit – freie Fahrt für freie Bürger und so –, aber das ist nur eine Freiheit innerhalb des Systems. Ich dagegen wollte mich vom System selbst befreien! Einen brummenden (oder heulenden) Motor mit mir herumzuschleppen (und Benzin nachzufüllen oder Batterien aufzuladen) fühlte sich falsch an. Mir schwebte ein Exoskelett vor, das ich ohne fremde Hilfe bewegen konnte.

Auch wenn sich die mechanischen Probleme lösen ließen und man ein Exoskelett bauen könnte, in dem ich mich ebenso groß und stark fühlen würde wie ein Elefant, wurde mir klar, dass es noch ein anderes,

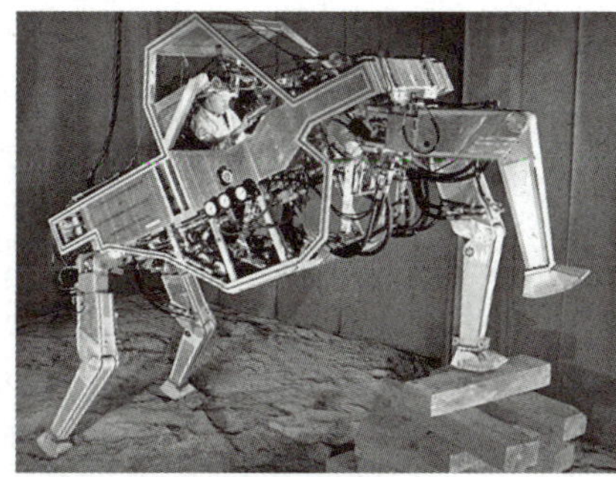

Mechanische Elefanten, erstaunlich weit verbreitet.

tiefgreifenderes Problem mit den Elefanten gab: Ich glaube, sie sind uns Menschen einfach zu ähnlich.

Ziel des Projekts war es, den Sorgen und existenziellen Nöten des Menschseins zu entfliehen, aber allmählich hatte ich den Eindruck, dass es aus psychologischer Sicht gar nicht so erstrebenswert war, ein Elefant zu werden.

Zum einen glaubt man, dass die Elefanten das Prinzip der Sterblichkeit verstehen. Genau wie Menschen kümmern sie sich um ihre im Sterben liegenden Artgenossen. So hat man beispielsweise beobachtet, wie zwei Elefanten sich bemühten, einen anderen todkranken Elefanten aufrecht zu halten. Als er sich dann zum Sterben hinlegte, versuchten sie ihn zu füttern, indem sie ihm mit dem Rüssel Gras ins Maul schoben. Und nachdem der kranke Elefant schließlich gestorben war, wachten sie tagelang bei ihm. Es ist dokumentiert, dass Elefantenfamilien über mehrere Tage hinweg immer wieder die Leiche einer kürzlich verstorbenen Leitkuh besuchten. Elefanten scheinen wirklich um ihre Toten zu trauern. Und wenn sie verendete Artgenossen letztendlich verlassen, bedecken sie den Kadaver manchmal mit Blättern oder Zweigen. Nach einem gewaltsamen Todesfall in der Gruppe, sei es durch Wilderer oder einen gezielten legalen Abschuss, kann es Jahre dauern, bis sich die Verhaltensmuster innerhalb einer Elefantenfamilie wieder normalisiert haben – ein Hinweis darauf, dass sie unter einer Art posttraumatischem Stress leiden. Nur bei wenigen Tierarten, darunter Delfinen, Schimpansen und Gorillas, hat man beobachtet, dass sie die Leiche eines Artgenossen mit Ehrfurcht behandeln.

Doch Elefanten sind die einzige andere Spezies außer uns (und den ausgestorbenen Neandertalern), die eine belegte ritualisierte Reaktion auf die *Knochen* eines Angehörigen ihrer Spezies zeigen. Finden Elefanten die sonnengebleichten Knochen und Stoßzähne eines Artgenossen, untersuchen sie diese mit dem Rüssel auf gänzlich andere Weise als sonstige sie interessierende Objekte (inklusive Knochen von anderen Tieren).

Mir wurde klar, dass mein Bild der Elefanten stark von den liebevollen Gefühlen beeinflusst war, die ich als Kind für Disneys *Dumbo* gehegt hatte. In der Realität sind Elefanten komplexe, intelligente wilde Tiere, beängstigend stark und mitunter aggressiv. Sie leben in Familienverbänden (und wir alle wissen, dass die Familie ein steter Quell von Stress und Sorgen ist), sind sich möglicherweise ihrer Sterblichkeit bewusst, können, wie es scheint, trauern und unter Depressionen und Persönlichkeitsstörungen leiden (Moment mal – das kommt doch alles in *Dumbo* vor!). Ich neige sowieso schon zu diesen Gemütszuständen. Wenn ich dem Ganzen also entfliehen wollte, indem ich zum Elefanten wurde, dann würde ich zwar nicht unbedingt vom Regen in die Traufe kommen, aber leider weiterhin im Regen stehen. Und so kehrte ich aus Südafrika mit einer veränderten Sicht auf Elefanten zurück, ein wenig verstört, dass ich plötzlich keiner mehr sein wollte. Also ging ich erst mal in den Pub. Und nach etlichen Pints machte mir eine Freundin einen ausgezeichneten Vorschlag: Ich sollte Rat bei einer mit ihr befreundeten Schamanin in Skandinavien einholen. Schließlich sind Schamanen Experten für die Beziehung zwischen Mensch und Tier. Und als klar war, dass ich zu einer Masterclass nach Dänemark reisen würde, machte ich einen Abstecher nach Kopenhagen.

Ich habe den Eingang zum Ballonparken gefunden. Oxidrot gestrichene Holzhäuschen mit weißen Fensterrahmen reihen sich auf beiden Seiten eines matschigen Weges aneinander. Es fühlt sich an wie ein Ort aus einer anderen Zeit – sicherlich aus der Vergangenheit, aber vielleicht auch aus der Zukunft. Man sieht kaum Plastik (abgesehen von ein paar Regentonnen), und auch die knalligen Farben des modernen Lebens fehlen weitgehend. Es gibt viel Holz, das als Bau- und Brennmaterial dient – der Duft von Kiefernholz und der Rauch von Holzfeuern hängt in der Luft. Und es ist außergewöhnlich still. Also wirklich genau das passende Ambiente für eine Schamanin (mit Einkaufsmöglichkeiten gleich ums Eck). Sie wohnt in der letzten Hütte auf der linken Seite.

Annette (die Schamanin) bittet mich herein. Drinnen ist es gemütlich: ein einziger Raum mit einem Hochbett in der einen Ecke, einer kleinen Küchenzeile in der anderen, einem Holzofen und diversen Teilen von toten Tieren (unter anderem einem Paar Flügel – »von einem Adler«, wie sie mir erklärt – und einem Hirschgeweih). Ich nehme in einem Schaukelstuhl beim Ofen Platz, während Annette Tee kocht. Sie hat langes weißes Haar, dunkle Augen und ein von Falten zerfurchtes Gesicht. Ein bisschen erinnert sie mich an eine Hexe, allerdings eine (meistens) gute Hexe. Ihre Hütte gibt mir das Gefühl, als wäre ich tausend Meilen nordwärts und hundert Jahre jenseits unserer Zeit versetzt worden und nicht gerade erst von einer Kopenhagener Straße hereingekommen.

Meine technische Ausrüstung erweist sich als eher hinderlich. Ich habe drei digitale Aufnahmegeräte dabei; ihre blinkenden roten Lichter wirken in dieser Umgebung deplatziert. Annette bittet mich, alle Geräte abzuschalten, doch nach einigem Hin und Her einigen wir uns schließlich darauf, dass ich ein Gerät laufen lassen darf. Als wir mit Tee und Crackern versorgt sind, setzt sie sich mir gegenüber an den Tisch und fragt mich mit ihrem skandinavischen Akzent auf Englisch, warum ich hier sei.

Ich erkläre ihr, dass ich mich eigentlich in einen Elefanten verwandeln soll, es aber nicht besonders gut läuft, und dass mir eine Freundin, die bereits eine schamanische Reise hinter sich hat, im Pub geraten hat, es doch auch einmal zu probieren, vielleicht könnte es mir bei meinem Projekt helfen …

»Kurz und gut, ich dachte, dass ich mit deiner Unterstützung in die Geisterwelt reisen und meinem Krafttier begegnen kann.«

Sie seufzt. Aus Gründen, die sie mir nicht verrät, wird sie mir nicht dabei helfen, eine schamanische Reise zu unternehmen, um mein

Krafttier zu finden. Dafür muss ich mich an jemand anderen wenden. Doch ihr ist völlig klar, dass mein Versuch, ein Elefant zu werden, wie sie ganz unverblümt sagt, idiotisch ist.

Idiotisch. Das nimmt mir den Wind aus den Segeln. »Oh. Warum?«, frage ich.

»Na ja, was hast du denn mit Elefanten zu tun? Gar nichts. In der Umgebung, mit der du dich verbunden fühlst, sind sie völlig fremd. Wenn du ein Buschmann in Afrika wärst, ja, dann wäre ein Elefant möglich. Aber du bist kein Buschmann, sondern du kommst aus London. Du kannst nur einem Tier ähnlich werden, mit dem du den Lebensraum teilst, die Orte, an denen du lebst und die du besuchst.«

»Aber bei uns in England gibt es Elefanten – in Zoos«, protestiere ich.

Sie wischt meine kleinliche Rechthaberei beiseite: »Die sind doch alle gestört.«

Da muss ich ihr recht geben. Ich erzähle ihr, dass ich mir geschworen habe, nie mehr einen Zoo zu betreten, nachdem ich meine Freundin bei unserem zweiten – und, wie sich herausstellte, zweitschlimmsten – Date in die Stuttgarter Wilhelma mitgenommen hatte. In diesem Zoo gab es viele Tiere, die ihre Gefangenschaft kirre gemacht hatte, darunter ein Elefantenpaar, das endlos die immer selbe Abfolge stereotyper Bewegungen vollführte.

»Also, welche Tiere gibt es in London außer denen in den Zoos? Ihr habt den Fuchs. Ihr habt den Hirsch.«

Oh ja, wir haben Hirsche: Halb London gehörte früher zu den Jagdgründen des Adels, und in Greenwich Park, wo einst König Heinrich VIII. jagte, tummeln sich immer noch etliche Rudel.

»Was die Verbindung durch die gemeinsame Umgebung angeht, bist du dem Hirsch sehr viel näher.« Sie mustert mich abschätzend. »Aber der Hirsch ist immer noch zu wild für dich. Eher schon … das Schaf.«

Es entsteht eine Pause, in der sie mich eingehender betrachtet.

Eine Ziege

»Eigentlich passt zu dir am ehesten die Ziege.«

Eine Ziege? Ja … eine Ziege!

Eine Welle der Erleichterung und der Dankbarkeit durchflutet mich. Erleichterung, weil ich gerade noch daran vorbeigeschrammt bin, zum Schaf erklärt zu werden. Dankbarkeit, weil ich einfach *weiß*, dass Annette mit der Ziege absolut richtig liegt. Eine Ziege – eine Ziege ist viel eher mein Ding. Sicher, Elefanten haben zwar den passenden kurzen Hals, aber was für einen *Bezug* habe ich schon zu ihnen? Ich meine, allein schon von der praktischen Seite her brauchte es eine einmalige Gelegenheit und eine Reise um den halben Globus, um sie in ihrer natürlichen Umgebung anzutreffen. Während ich zu Hause nur meine Straße runtergehen muss, um eine Ziegenherde zu sehen.

Ich weiß, es klingt nach einem Klischee: Ich suche eine Schamanin auf, weil ich mir unsicher bin, und sie rät mir, an meinem Traum festzuhalten. Denn, geneigter Leser, dieses Projekt hängt auch mit einem Traum, oder eher einer Vision, aus meiner Kindheit zusammen.

In dieser Vision geht es um eine Zimmerpflanze, von deren Blättern ich eines Tages zu kosten beschließe. Mir ist vor allem die Art und Weise, wie ich sie esse, im Gedächtnis geblieben, nämlich ohne Hilfe der Hände. Ich sehe noch vor mir, wie ich mit den Zähnen an einem belaubten Zweig zerre. Wie der Stiel Widerstand leistet, wie die Blätter rascheln … Entschlossen werfe ich den Kopf zurück, der Stiel bricht in meinem Mund ab, und ich beginne, auf dem Blatt herumzukauen.

Ich weiß nicht mehr, wie alt ich in diesem vor meinem inneren Auge ablaufenden Videoschnipsel bin, aber das Verzehren dieser

Pflanze ohne Hilfe der Hände hat solch einen prägenden Eindruck hinterlassen, dass ich es all die Jahre nie vergessen habe.

Annette in ihrer Weisheit hat mich von der Idee mit dem Elefanten befreit, auf die ich nach ach so logischer Überlegung gekommen war (na ja), und ohne es zu wissen, hat sie mich darin bestärkt, an meinem Traum festzuhalten!

Würde ein Elefant mit den Zähnen an einem Ast zerren? Nein. Er würde seinen armähnlichen Rüssel benutzen. Check! Würde ein Elefant frei übers Land galoppieren? Unmöglich, denn Elefanten sind anatomisch dazu gar nicht in der Lage. Aber eine Ziege. Check!

Annette kommt ohne Umschweife zur Sache.

»Wie könntest du also zu einem nichtmenschlichen Wesen, in diesem Fall einem Tier, werden? Nun, in der schamanischen Tradition gibt es althergebrachte Wege, rituelle, magische und spirituelle Praktiken. Eine Möglichkeit ist, dir die Gestalt und die Bewegungen des Tieres anzueignen, und der erste Schritt wäre, es nachzuahmen. Einige Völker wie die Pueblo-Kulturen im Südwesten der USA verwenden einen halben Hirschschädel, den Teil mit dem Geweih. Du setzt den Schädel auf …«

Annette steht auf und wiegt den Kopf hin und her, als trüge sie ein Geweih.

»… und spürst das Gewicht … Dann nimmst du zwei Stöcke.«

Sie streckt die Arme nach vorne, greift zwei imaginäre Stöcke, die die vorderen Hirschbeine darstellen sollen, und bewegt sich rhythmisch durch die Küche. Während sie mir den Hirschtanz demonstriert, erklärt sie: »Auf diese Weise wirst du zum Vierfüßer. Und stell dir die Hufe an deinen Beinen vor. Das ist der Beginn des magischen Rituals, des Geistertanzes, mit dem du den Hirsch ehrst und seinen Geist rufst.«

Sie geht zum Kaminsims und holt einen kurzen Stab, an dessen Ende schwarze Klauen befestigt sind – eine Rassel. Damit wandert sie weiter durch die Küche und beginnt zu rasseln.

»Man kann es auch so machen … eins mit dem Geist des Tieres werden. Eine hell klingende Rassel … für die Anmut eines wunderschönen Tieres.«

Sie tanzt durch die Küche, schüttelt rhythmisch die Rassel und beginnt mit tiefer Stimme zu summen. Plötzlich bricht sie ihre Darbietung ab, kehrt zum Tisch zurück und reicht mir die Rassel zur näheren Begutachtung.

»Solche Rasseln werden auf der ganzen Welt verwendet. Ich habe noch viel größere, vom Hirsch und vom Rentier, die einen tieferen Klang erzeugen. Aber diese hier sind vom Reh.« Sie meint die Klauen am Ende der Rassel.

»Jede Klaue ist wie ein Fingernagel, und ich musste sie vom Knochen abziehen. Wie von einer Fingerspitze.«

»Gruselig.«

»Na ja, das war mein Projekt für den Heiligabend.«

Sie fährt fort: »Also, der erste Schritt ist das Nachahmen. Aber dann begibst du dich in eine ›Zwischenwelt‹ oder ›ekstatische Trance‹ oder einen ›erweiterten Bewusstseinszustand‹.«

Mit einer wegwerfenden Handbewegung macht sie deutlich, dass der Begriff selbst irrelevant ist. »Dadurch, dass du den Geist des Hirsches gerufen und geehrt hast, bist du zu dieser Transformation in der Lage, kannst du die Welt mit den Augen des Tieres sehen.«

Sie lehnt sich im Stuhl zurück und fasst zusammen: »Solch ein veränderter Bewusstseinszustand ist ziemlich hilfreich.«

»Ja, okay.«

Ich nicke zustimmend, frage mich jedoch, wie ich einen Zustand der »ekstatischen Trance« erreichen soll, ohne einen der Gesundheit eher abträglichen Nachtclubs in London zu besuchen.

»Aber«, sagt sie, »diese Menschen *kennen* das Tier. Sie sind ihm nachgeschlichen, haben es beobachtet und seine Lebensweise und seine Angewohnheiten ihr ganzes Leben lang studiert und im Gedächtnis. Es ist ihnen in Fleisch und Blut übergegangen. Daher bezweifle

Annette beim Hirschtanz in ihrer Küche.

ich, dass es richtig funktionieren wird, wenn du überhaupt nichts über das Tier weißt.«

Ich bin ein bisschen gekränkt von diesem »überhaupt nichts«, denn ich besitze immerhin gewisse Kenntnisse über »das Tier«. Wenn ich es mir allerdings recht überlege, sehe ich in meinem Alltag viel mehr tote Tiere (oder Teile davon) als lebendige. Beim Gang durch den Supermarkt entdecke ich Teile der unterschiedlichsten Tierarten, aber beim Spazierengehen im Park? Hm, nur Tauben und ein paar Hunde. Ich mache eine kurze Bestandsaufnahme. Anzahl der Tierarten, die in meinem örtlichen Supermarkt vertreten sind: neunundzwanzig. Anzahl der Tierarten, denen ich bei einem Spaziergang im Park begegne: drei, inklusive *Homo sapiens*.

Deswegen muss ich Annette recht geben – als jemand, der sein ganzes bisheriges Leben in Städten verbracht hat, schneide ich natürlich im Vergleich zu Menschen, die mit dem Aufspüren und Jagen von Tieren aufgewachsen sind, schlecht ab (dieser gerade erst entdeckte fehlende Kontakt zu Tieren betrübt mich. Ich beschließe, mir eine Katze zuzulegen).

Tatsächlich hat Annette auch beruflich mit diesem Thema zu tun – sie versucht, »Stadtmenschen wieder mit ihrer Jäger-und-Sammler-

Seele zu verbinden«. Und, wie sie mir erzählt, »sie sind quasi sofort in ihrem Element«.

Während unserer Unterhaltung sucht Annette das Foto eines sibirischen Schamanen beim Antilopentanz heraus (meine Annahme, Schamanismus sei eine Sache der Ureinwohner Nordamerikas, wurde korrigiert. Das Wort stammt ursprünglich aus Sibirien und wird heute für ähnliche Praktiken bei indigenen Kulturen rund um den Globus verwendet). Ich mache eine Bemerkung darüber, dass das Foto fast einhundert Jahre alt ist. Annette sieht mich fest an.

»Die Menschen haben schon immer versucht, die Kluft zwischen sich und den Tieren zu überbrücken. Schon immer.«

Sieht ganz so aus, als hätte sie recht.

1939 leitete der deutsche Geologe Otto Völzing eine Grabung im Hohlenstein-Stadel auf der Schwäbischen Alb. Die Grabung war ein Erfolg. Völzing fand Knochentrümmer von mindestens achtunddreißig Menschen aus der Jungsteinzeit sowie die Schädel eines Mannes, einer Frau und eines Kindes aus der Mittelsteinzeit. Aus unbekanntem Grund waren die Köpfe abgetrennt und mit Blick nach Südwesten eingangs der Höhle bestattet worden. Finanziert wurde die Ausgrabung von der SS, die Beweise für die Überzeugung der Nationalsozialisten finden wollte, dass Deutschland die Wiege der menschlichen Zivilisation sei. Doch der Ausbruch des Zweiten Weltkriegs bedeutete das Ende der Arbeiten. Völzing erhielt seinen Einberufungsbefehl. An seinem letzten Arbeitstag stieß er tief im hinteren Teil der Höhle auf eine große Anzahl von Elfenbeinfragmenten. Sorgfältig verpackte er sie in eine Schachtel, bevor er in den Krieg zog.

Die Schachtel mit den Stoßzahnstücken landete letztendlich im Ulmer Museum, aber erst 1969 entdeckte man bei einer Inventarisierung, dass es sich bei den Splittern um das Elfenbein eines Wollmam-

Die älteste bekannte Zeichnung eines ewenkischen Schamanen aus dem Jahr 1692.

Jäger- oder Hirschtanz, gemalt ca. 1932 von Alphonso Roybal.

Hirschtanz der Tewa im Ohkay Owingeh Pueblo, fotografiert ca. 1977 von Richard Erdoes.

Löwenmensch vom Hohlenstein-Stadel, etwa 40.000 Jahre alt.

muts handelte und sie die Überreste einer Statuette darstellten. Als alle Teile zusammengesetzt waren, ergaben sie eine menschliche Figur mit einem Löwenkopf, und neuere Datierungsmethoden haben offenbart, dass sie vor etwa 40.000 Jahren geschnitzt wurde. Damit gehört dieser »Löwenmensch« zu den ältesten bekannten Kunstwerken und Statuetten eines Tier-Mensch-Mischwesens.

Zwar wissen wir nicht, warum sie hergestellt wurde, aber es ist eindeutig, dass es eine langwierige Arbeit war. Vor einigen Jahren fertigte ein Archäotechniker eine Kopie aus einem Elefantenstoßzahn an, indem er nur die vor 40.000 Jahren verfügbaren Feuersteinwerkzeuge benutzte. Er benötigte fast drei Monate dafür. Die Mühe, die man in dieses Artefakt steckte, ist ein Beleg dafür, dass es für seine Schöpfer eine Bedeutung hatte. Es könnte zwar auch ein Spielzeug oder etwas Ähnliches gewesen sein (für mich sieht es so aus, als würde der Löwenmensch grinsen), aber sein bei Weitem wahrscheinlichster Zweck war die Verwendung als eine Art spiritueller Talisman.

Wandmalereien von Mischwesen aus Mensch und Tier fand man auch tief im Innern von anderen Höhlen, die von Menschen während des Jungpaläolithikums (gegen Ende der Steinzeit) genutzt wurden. So sind zum Beispiel die Malereien in der französischen Chauvet-Höhle im Flusstal der Ardèche zu nennen. Diese Höhle, auf die drei Höhlenforscher Anfang der 1990er-Jahre zufällig stießen, war bis dahin fast

25.000 Jahre durch einen Erdrutsch versiegelt gewesen. Sie enthält Hunderte Darstellungen von Tieren, und in ihrer tiefsten Kammer befindet sich das Bild eines Mischwesens aus Mensch und Bison, das vor etwa 30.000 Jahren gemalt wurde. In der Höhle von Lascaux, ebenfalls in Frankreich, gibt es das Bild eines liegenden Mannes (er hat eine Erektion) mit Vogelkopf, das 16.500 Jahre alt ist. Und dann ist da noch die vor etwa 13.000 Jahren entstandene Malerei des sogenannten Zauberers in der Drei-Brüder-Höhle im französischen Département Ariège. Das Bild zeigt einen tanzenden Mann mit Geweih.

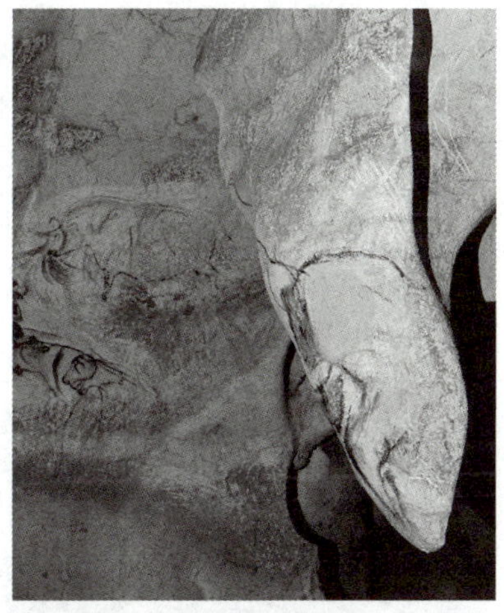

Oben: In der Chauvet-Höhle wurde ein etwa 30.000 Jahre alter Bisonmensch entdeckt. Unten: Mann mit Vogelkopf liegt (sterbend?) vor einem Bison.

All diese Beispiele konzentrieren sich auf ein kleines Fleckchen Europa. Früher dachte man gemeinhin, dass die hiesigen Steinzeitmenschen als Erste auf die Idee kamen, Figuren zu schnitzen und zu malen (mit der logischen Schlussfolgerung, dass die geistigen und kulturellen Anfänge des kreativen Schaffens im guten alten Europa lagen, was vor allem im 19. Jahrhundert die Überzeugung nährte, die Europäer und ihre Nachfahren seien etwas Besonderes). Doch diese eurozentrische Sichtweise ist wohl eher darauf zurückzuführen, dass in Europa nicht nur gute Bedingungen für die Erhaltung der Höhlen herrschten, sondern, was noch wichtiger ist, auch für deren Erforschung: Erst 2014 machten sich Wissenschaftler die Mühe, das Alter von Tiermalereien in Indonesien genau zu bestimmen. Sie fanden her-

Die sich überlagernden Felsritzungen und Holzkohlezeichnungen in der Drei-Brüder-Höhle hielt Henri Breuil auf Skizzen fest.
Oben: Zauberer mit Geweih und Schwanz. Unten: Mann mit Bisonkopf spielt auf einer Nasenflöte.

aus, dass diese zwischen 35.000 und 39.000 Jahre alt waren, ebenso alt wie die ältesten bekannten Malereien in Europa. Eine solche zeitliche Übereinstimmung ähnlicher Motive und Methoden trotz großer geografischer Entfernung legt nahe, dass dem Homo sapiens diese schon geläufig waren, bevor er sich vor ungefähr 60.000 Jahren von Nordostafrika aus einerseits nach Osten Richtung Asien und andererseits nach Westen Richtung Europa ausbreitete.

Wer weiß schon, wann sich zum ersten Mal jemand vorstellte, ein Löwenmensch, ein Bisonmensch oder ein Vogelmensch (oder eben ein Ziegenmensch) zu sein? Doch da die Höhlenmalereien und Skulpturen vermutlich das Weltbild der Menschen vor Beginn der Geschichtsschreibung repräsentieren – sozusagen unsere ersten Versuche, die ewigen Fragen zu beantworten: Wer bin ich? Warum gibt es mich? Wohin gehe ich? –, haben die Menschen offenbar schon sehr lange versucht, die Kluft zwischen sich und anderen Tieren zu überbrücken, wenn nicht sogar, wie Annette meinte, schon immer. Eine Ziege werden zu wollen ist also ziemlich normal. Historisch gesehen ist es sogar eher merkwürdig, wenn man keine Ziege werden will.

Ich möchte von Annette wissen, warum sich ein Schamane überhaupt in ein Tier verwandeln will.

Sie erzählt mir, dass die Ursprünge des Schamanismus in den Zeiten liegen, als wir alle Jäger und Sammler waren und von dem lebten, was wir finden oder erlegen konnten. Ein Schamane versuchte, eins mit dem Tier zu werden, um es aufzuspüren und zu jagen.

Aber es hängt auch mit der animistischen Weltsicht zusammen. Nach dieser Vorstellung besitzen nicht nur Menschen eine Seele oder werden als Personen betrachtet, sondern auch Tiere. Das stellt den schamanischen Jäger vor ein Dilemma, denn wenn man ein als Person angesehenes Tier jagt, tötet und isst, bedeutet das, dass man Mord und

Kannibalismus begeht. Und so möchte ein Schamane auch deswegen ein Tier werden, um den Geist des Tieres dafür um Vergebung zu bitten, dass man es tötet. Mir erscheint das ein wenig paradox.

»Bei der Verwandlung in das Tier geht es demnach auch darum, sich weniger schuldig zu fühlen?«, hake ich bei Annette nach.

»Na ja, man erkennt damit an, dass wir zu einer Familie gehören. Sie sind unsere Verwandten, und zwischen uns besteht eine Übereinkunft. Die Jagd ist ein Pakt. Der Hirsch lässt sich nur von dir erlegen, wenn du ihn durch das richtige Verhalten ehrst, und dazu gehört auch, in die Rolle der Beute zu schlüpfen. Du musst deinen Teil der Abmachung einhalten. Die meisten Menschen tun das nicht.«

Sie erzählt mir von den sibirischen Jukagiren, einem Jägervolk, das noch heute Schamanismus praktiziert: »Diese Jäger versuchen, das Menschliche abzulegen und eins mit dem Tier zu werden, um wie das Tier zu denken und es aufzuspüren.«

Sie verweist auf das Buch *Soul Hunters* (2007) des Anthropologen Rane Willerslev, der (auch um der Verfolgung durch die sibirische Polizei zu entgehen) achtzehn Monate lang mit einer Gruppe Jukagiren tief in den sibirischen Wäldern lebte und jagte. In seinem Buch beschreibt Willerslev einen Jäger namens Old Spiridon, der sich bei der Elchjagd in ein Elchfell hüllte, Elchohren an seiner Mütze befestigte und die Haut von Elchbeinen über seine Ski zog, sodass er einem Elch ähnelte, der sich durch den Schnee bewegte. Willerslev begleitete Old Spiridon, als dieser sich an eine Elchkuh mit einem Kalb heranpirschte, und beobachtete, wie der Jäger das Verhalten seiner Beute so täuschend ähnlich nachahmte, dass »die Elchkuh … angelockt von seiner mimetischen Darbietung ihr Misstrauen ablegte und direkt auf ihn zuging«. Woraufhin Old Spiridon sie und ihr Kalb erschoss.

Bis dahin ist ja alles ganz logisch und nachvollziehbar: Es ist hilfreich, ein Elch zu werden, um Elche töten zu können, genauso wie es bei der Entenjagd hilfreich ist, den Ruf einer Ente nachzuahmen. Schwieriger wird es bei Old Spiridons Bericht von dieser Begegnung.

Er sagte, er habe die Elchkuh als »eine schöne junge Frau« gesehen, »die mich zu sich rief … Wenn ich mit ihnen gegangen wäre, hätte es mein Ende bedeutet, und um das zu verhindern, habe ich beide erschossen.« Also nicht nur, dass Old Spiridon zum Elch wurde, gleichzeitig wurde die Elchkuh zum Menschen. Für Annette und die Jukagiren sowie andere schamanische Völker auf der Welt ist die Unterscheidung zwischen Menschen und Nichtmenschen fließender, als ich es gewohnt bin.

Wird ein westlich geprägter Mensch wie ich mit einer Geschichte wie der von Old Spiridon konfrontiert, sagt er normalerweise, der Mann habe sie nur erfunden, um Eindruck zu machen, und wenn sie nicht ausgedacht sei, müsse es sich um eine Wahnvorstellung handeln. Oder, wenn wir einen moderneren Ansatz verfolgen und unseren Respekt vor anderen Kulturen bezeugen wollen, formulieren wir es auch so: »Aaah, der Weise spricht in Metaphern, er meint, es ist, *als ob* der Elch zu einer Frau oder der Schamane *wie* ein Elch geworden sei.« Und wenn der lügnerische/wahnhafte/weise Primitive darauf besteht, nein, er spreche nicht in Metaphern – der Elch *war* eine Frau und der Schamane *wurde* zum Elch –, nicken wir lächelnd und sagen: »Ja, natürlich«, um dann in gedämpftem Ton hinzuzufügen: »Diese Leute haben wohl den Begriff Metapher nicht richtig kapiert, hm?«

Nun bin ich als wissenschaftlich geprägter Mensch niemand, der glaubt, frühere Kulturen hätten eher im Einklang mit der Natur gelebt. Nachdem beispielsweise die ersten Aboriginal People in Australien angekommen waren, rotteten sie 60 Prozent der großen Säugetierarten durch die Jagd aus.[2] Andererseits versuche auch ich, ein anderes Tier zu werden, in meinem Fall eine Ziege, und außerdem ist Annette, eine praktizierende Schamanin, nett und klug und wirkt keineswegs wahn-

2 **Und im Siedlungsgebiet der Jukagiren nahmen die Elchpopulationen durch starke Bejagung ab. Aber wenn wir schon beim Thema sind: nicht, dass es noch viele Büffel in den USA gäbe oder Bären im Vereinigten Königreich.**

haft oder primitiv oder dumm und ungebildet. Allerdings gehen unsere Meinungen darüber, wie man Mensch und Tier genau definiert, weit auseinander.

Willerslev fragt: Warum ziehen wir nicht einfach die Möglichkeit in Betracht, dass diese Schamanen meinen, was sie sagen, wenn sie sagen, sie können zu Tieren werden und Tiere zu Menschen? Da könnte etwas dran sein. Es kommt doch oft vor, dass zwei Gruppen von Menschen, die exakt dieselbe Situation erleben, zu vollkommen konträren Schlussfolgerungen gelangen, die jedoch beide im Rahmen der jeweiligen Weltsicht richtig sind! Willerslev führt die unterschiedlichen Ansichten zur Wandlungsfähigkeit von Menschen in Tiere und umgekehrt auf verschiedene Philosophieströmungen zurück, die sich mit der Frage befassen, was einen Menschen ausmacht.

Nun, geneigter Leser, ich bin kein Experte in Philosophie, aber sollten Sie einer sein, schlage ich vor, Sie überspringen die nächsten Abschnitte, weil ich mir gleich einen Diskurs, der seit Hunderten von Jahren auf Tausenden Seiten philosophischer Abhandlungen geführt wird, vornehme und populärwissenschaftlich zusammenfasse. Und mit dieser Vorbemerkung …

Rane Willerslev zeigt in seinem Buch auf, dass im westlich geprägten Denken die Grundannahmen über uns selbst und andere immer noch stark von der Philosophie René Descartes und seinem berühmten Gedankenexperiment beeinflusst sind, das er in seinen 1641 erschienenen *Betrachtungen über die Grundlagen der Philosophie* beschrieben hat.

Die Geschichte nahm ihren Lauf, als Descartes eines Abends am Kamin saß und sich fragte: Was kann ich mit Sicherheit wissen? Die Wirklichkeit, die ich zu erleben glaube, könnte eine Illusion sein, erzeugt von einem bösen Dämon. Oder, um es in unsere Zeit zu übertragen: Hey, Mann, vielleicht leben wir alle nur in einer gigantischen Computersimulation! Auch wenn es scheint, als säße ich im Sessel am Kamin, wie weiß ich, ob das auch wirklich ist? Ich könnte träumen, oder ich könnte ein merkwürdiger körperloser Geist sein, dem irgendwo, irgendwie die Illusion vermittelt wird, dass er einen Körper hat und im Sessel sitzt. Alles lässt sich in Zweifel ziehen. Wie kann ich wissen, dass ich überhaupt existiere? Von diesem methodischen Zweifel an der Existenz ausgehend, sucht Descartes nach einer stabilen Grundlage für etwas Sicheres. Er kommt zu dem Schluss, dass es wenigstens eine Sache gibt, derer er sich gewiss sein kann, nämlich dass es etwas gibt, was den Akt des Zweifelns ausführt. Die physische Welt könnte eine Illusion sein, aber um diese Zweifel zu haben, muss ein Denken stattfinden, und daher muss das »Ich«, das dieses Denken übernimmt, existieren: *Cogito ergo sum.* Ich denke, also bin ich.

Nachdem er diese eine Gewissheit in einer ansonsten zweifelhaften Welt etabliert hat, argumentiert er weiter, dass jemandes Geist, das Ich, vom Körper verschieden sein *muss.* Und zwar, weil zwei Dinge nur dann gleich sind, wenn sie dieselben wesentlichen Eigenschaften besitzen. Während es leicht sei, sich vorzustellen, etwas Gegenständliches wie einen Körper oder einen Stift in Teile zu zerlegen, so kann Descartes »als denkendes Wesen … keine Teile in [sich] unterscheiden, vielmehr erkenne [er in sich] ein durchaus einheitliches Ganzes«. Der Körper ist vom Wesen her also stets teilbar, der Geist aber unteilbar, und da ein Ding nicht zwei sich einander widersprechenden Eigenschaften besitzen kann, müssen Geist und Körper voneinander verschieden sein.

Descartes erhob die Vernunft, die »ratio«, zur wesentlichen Voraussetzung für das Bestehen eines Ich und trennte den denkenden Geist vom physischen Körper. Und praktischerweise passt für den Christen Descartes die Aussage, dass Geist und Körper verschieden sind, gut zur christlichen Vorstellung, dass der Mensch eine unsterbliche Seele besitzt, die sich nach dem Tod des Körpers von diesem lösen und in den Himmel gelangen kann. Darüber hinaus argumentiert Descartes, Tiere könnten kein Bewusstsein besitzen, weil sie nicht vernunftbegabt seien (sie sind nicht in der Lage zu denken: *Ich* denke, also bin *ich*). Letztendlich seien sie nur biologische Maschinen, deren Schmerzensäußerungen ignoriert werden könnten, weil sie rein mechanisch abliefen, wie das Ticken einer Uhr (Descartes war ein Pionier auf dem Gebiet der Vivisektion).

Dieses klassische Argumentationsschema wurde unter dem Begriff cartesischer Dualismus bekannt. Der Dualismus in seinen verschiedenen Ausprägungen hatte enormen Einfluss auf die westliche Wissenschaft und Philosophie – Geist kontra Körper, Verstand kontra Instinkt, Zivilisation kontra Barbarei, Mensch kontra Tier, Objektivität kontra Subjektivität –, und diese Dichotomien haben uns seither zahlreiche Probleme beschert. Für unsere Zwecke ist jedoch nur Descartes Folgerung wichtig, dass Tiere kein Bewusstsein haben und, was noch wesentlicher ist, dass unser eigenes Bewusstsein unabhängig von der physischen Welt existiert.

Wenden wir uns nun dem Philosophen Martin Heidegger zu. Begleiten Sie mich, wenn ich mich so weit über meine intellektuellen Grenzen hinauswage, dass ich riskiere unterzugehen.

Den Gegenentwurf zum cartesischen Dualismus bildet die Phänomenologie, die seit Ende der 1920er-Jahre unter anderen von Heidegger weiterentwickelt wurde und Descartes Lehre auf den Kopf stellt. Zum einen weist Heidegger darauf hin, dass es nicht möglich ist zu denken, ohne *etwas* zu denken. Descartes: »Ich denke, also bin ich« sollte eigentlich lauten: »Ich denke *etwas*, also bin ich.« Wir können zwar über unseren eigenen Geist nachsinnen, aber eben auch über vieles andere. Und da kann man einhaken: Was macht das Nachdenken über die eigenen Gedanken bedeutender als das Nachdenken über andere Aspekte unserer wahrgenommenen Existenz? Heidegger lehnt die Vorstellung ab, dass der zentrale Aspekt des Selbst, des Ich, der denkende Verstand ist.

Sicher, wir mögen klug daherreden und erörtern, ob unser Geist körperlos ist oder sich direkt hinter unseren Augen befindet (für Descartes saß er in der Zirbeldrüse im Mittelhirn) und Entscheidungen trifft und unserem Körper sagt, was er zu tun hat. Aber diese rationale Betrachtung ist nur eine mögliche Denkweise und sagt kaum etwas darüber aus, was es überhaupt bedeutet zu existieren. Schließlich können wir nur mit dem Offenkundigen arbeiten, und ich weiß ja nicht, wie es Ihnen geht, aber ich lebe mehr oder weniger planlos von Moment zu Moment, immer wieder fesselt etwas Neues kurz meine Aufmerksamkeit: Oh, meine Nase juckt. Schlag die Beine auseinander und wieder übereinander! Ach, guck mal, eine Frau! Los, weiterarbeiten! Dieser Stuhl ist aber auch wirklich unbequem. Kratz dich an der Nase! Moment, ich kriege Panik, ich darf nicht vergessen zu atmen. Ach nee, Atmen passiert ja automatisch. Ziemlich komisch das Ganze, wenn man so darüber nachdenkt.

Voilà, so leben wir vor uns hin – wir sind eine bunte Mischung aus Empfindungen, und wenn uns nach Philosophieren zumute ist, können wir auch abstrakt denken wie Descartes, aber grundsätzlich sind wir unausweichlich und untrennbar mit der Welt verbunden. Heidegger nennt es das »In-der-Welt-sein«.

Und was hat das Ganze damit zu tun, dass Menschen zu Ziegen werden und umgekehrt? Nun, aus phänomenologischer Sicht existiert unser Selbst als Ergebnis unserer Interaktion mit der Umwelt. Willerslev legt dar, dass die Jukagiren eher der phänomenologischen Sicht zuneigen und nicht der cartesischen Betrachtungsweise, wonach der Mensch ein eigenständiger, von der materiellen Welt unabhängiger Geist ist. Stattdessen betrachten sie sich als so verbunden mit ihrem Umfeld, dass sie sich darüber definieren, wo sie sich befinden und was sie tun. Daraus erklärt sich auch die Bedeutung des Schauplatzes für ihre schamanischen Rituale. Wenn also Schamanen ihr Verhalten und ihre körperliche Erscheinung verändern, indem sie ein Tier nachahmen, verändern sie damit auch ihr Umfeld. Und da das, was man ist, vom Umfeld abhängt, bedeutet es, wenn man sein Umfeld nur radikal genug verändert, kann man sich tatsächlich ein Stück weit zu diesem Tier entwickeln. Willerslev schreibt, dass die Jukagiren sorgfältig darauf achten, bei der Verwandlung ihres Körpers und Verhaltens nicht zu weit zu gehen, da die Gefahr besteht, vollständig zu diesem Tier zu werden, wovon es anscheinend kein Zurück mehr gibt.

Ich kann mir kaum vorstellen, wirklich daran zu glauben, dass ich eine Ziege geworden bin, oder besser gesagt (mein Fehler), tatsächlich zu einer zu werden, indem ich mein Verhalten und meine Bewegungen verändere. So wurde ich einfach nicht erzogen. Aber wenn es Old Spiridon geschafft hat, durch sein Verhalten seine Beziehung zur Umwelt so stark zu verändern, dass ihn die Elchkuh nicht mehr als gefährlichen menschlichen Jäger wahrnahm und er sie wiederum als Frau sah, dann, na ja, waren für einen Augenblick Elch und Mensch zugleich Mensch und Elch. Wie die Jukagiren Willerslev vermittelten, glaubt auch der Elch, ein Mensch zu sein.

Diesen grundlegenden Perspektivenwechsel möchte ich mit meinem Projekt erreichen. Wenn ich die Welt als Ziege erfahren will, muss ich meine Verortung in der Welt verändern, und zwar in einem solchen Ausmaß, dass ich einen Stuhl sehe und ihn nicht automatisch mit sitzen assoziiere. Dass ich ein Wort sehe und nicht automatisch lese. Dass ich eine (andere) Ziege sehe und sie als eine Person wahrnehme wie mich selbst.

Bevor ich Annettes Hütte verlasse und zu meiner Masterclass weiterfahre, gibt sie mir noch eine abschließende Bemerkung zu meinem Projekt mit auf den Weg. Sie rät mir, tiefer in den mystischen, spirituellen Prozess einzusteigen, das Tier zu ehren und seinen Geist zu rufen. Allerdings ist sie sich sicher, dass ich am Ende diesen mystischen Aspekt abkoppeln muss. Denn ihrer Meinung nach ist das, was ich vorhabe, nämlich mich der Technik zu bedienen, um mich der Natur anzunähern, paradox: »Vor fünfzig Jahren wäre niemand auf so eine verrückte Idee gekommen. Die Entfremdung von der Natur hat bereits völlig idiotische Ausmaße angenommen, und das wird uns direkt in den Abgrund führen.«

»Unsere Technologie verändert uns. Das steht zweifelsfrei fest«, erwidere ich.

»Du musst dich entscheiden, ob es in deinem Projekt vor allem darum gehen soll, dir eine Verkleidung zu basteln, oder ob es nicht wichtiger ist, einen Weg zu finden, wie Menschen wieder ihre Verwandtschaft mit den Tieren spüren, die Kluft zwischen Mensch und Tier überbrücken und sich in ein Tier hineinversetzen können. Denn dann wirst du ganz anders an die Sache herangehen, viel einfacher. Dann ist es ein mystischer Vorgang. Dann können die Menschen etwas daraus lernen.«

Einige Wochen später, zurück in London (übrigens waren alle einhellig der Meinung, die Masterclass sei eine pädagogische Glanzleistung in der Geschichte des Designs gewesen), beschließe ich, ein wenig tiefer in den spirituellen Aspekt des Schamanismus einzutauchen. Ich melde mich und – nach einigem guten Zureden – meinen Freund Simon zu einem Samstagsworkshop »Einführung in das schamanische Reisen« in Newport/Wales an. Simon ist ein alter Freund, und obwohl er nicht unbedingt scharf auf Wales als Reiseziel ist (Kindheitstrauma), klinkt er sich ganz gern mal aus der Realität aus, und außerdem unterstützen wir uns schon seit Teenagertagen bei unseren diversen mehr oder weniger irrwitzigen Projekten. Auf der Hinfahrt beschließen wir, den Tag ganz unvoreingenommen anzugehen (und ich lasse Simon schwören, dass er sich diesmal nicht gnadenlos über die Leute lustig macht). Wir sollten ein Kissen, eine Augenbinde und eine Decke mitbringen, damit wir es während der schamanischen Reise bequem haben, was mich vermuten lasst, dass man eine Weile »weg« sein wird. Ich hoffe sehr, dass mein tierischer Helfergeist die Ziege sein wird (und wenn nicht die Ziege, dann vielleicht irgendwas Cooles wie der Adler oder die Katzenfrau Geparda von den *ThunderCats*).

Die Klinik für ganzheitliche Gesundheit in Newport ist in einem roten Backsteinhaus unweit der Autobahn M4 untergebracht, und der Workshop findet im Tagungsraum statt. Außer uns warten noch sechs Frauen aus allen Altersgruppen auf die Einführung ins schamanische Reisen, von der Studentin mit Nasenpiercing bis hin zur Mutter erwachsener Kinder. Meinem Eindruck nach sind ein paar der Teilnehmerinnen hier, weil sie eine persönliche Tragödie verarbeiten möchten. Ich höre, wie sie sich mit unserer Leiterin Maxine unterhalten und ihr Gegenstände zeigen, die sie mitbringen durften und die ihnen helfen sollen, mit bestimmten Geistern im Totenreich Verbindung aufzunehmen.

Die Stühle werden zur Seite geräumt, und als wir alle auf unseren Kissen im Kreis sitzen, erklärt uns Maxine mittels Whiteboard die Grundlagen des schamanischen Reisens und hilft uns beispielsweise, unsere persönliche *axis mundi* (Weltenachse) zu wählen und so weiter. Die persönliche Weltenachse ist ein Ort, der einem vertraut ist und der als Tor zwischen alltäglicher und nichtalltäglicher Wirklichkeit dient. Er ist der Ausgangspunkt, um entweder in die obere Welt hinaufzusteigen oder in die untere Welt hinabzuklettern. Ein Baum aus dem Garten der Kindheit ist »sehr gut, Thomas«. Die Stunden vergehen, Maxine erzählt uns recht ausführlich ihre persönliche Geschichte und wie sie zur praktizierenden Schamanin wurde. Endlich, am späten Nachmittag, bekommen wir Gelegenheit, selbst das Reisen auszuprobieren. Wir legen uns zurück auf unsere Kissen, ich schließe die Augen, Maxine schlägt die Trommel in einem schnellen, intensiven Rhythmus, und ich stelle mir meine Weltenachse vor und grabe mich durch das Wurzelwerk nach unten, immer tiefer und tiefer, und tja, irgendwie funktioniert es …

Ich sehe Muster und höre eine Art himmlischen, harmonischen Gesang, und dann, wie von flackerndem Feuerschein erleuchtet, taucht etwas auf und verschwindet wieder im Dunkel … Es ist irgendwie geisterhaft und schwer im Blick zu behalten und wirkt beinahe abstrakt, aber es ist definitiv … ein Kaninchen. Es springt in dem Muster aus Licht und Schatten hin und her und hält nie inne, um mich anzusprechen oder mir zu sagen, was ich tun soll, aber es ist eindeutig da, erscheint und verschwindet wieder, hüpft und fliegt durchs Dunkel. Der Schlag der Trommel wird lauter und schneller und dann abrupt leiser, und Maxine ruft uns in die Welt zurück. Ich weiß nicht genau, wie lange ich in der nichtalltäglichen Wirklichkeit verbracht habe, vielleicht eine Viertelstunde, doch unsere Reise ist schon vorbei. Nachdem wir uns langsam aufgesetzt haben und wieder im Raum angekommen sind, erzählen wir der Reihe nach, was wir in unseren Visionen gesehen haben.

Einige von uns haben nichts erlebt, aber das Mädchen mit dem Nasenpiercing berichtet von einer abenteuerlichen Reise. Sie ritt auf einem Drachen tief hinein ins Land der Toten und dann hinauf ins All, um den Zustand der Welt mit irgendwelchen reptilienartigen Außerirdischen zu diskutieren, und danach flog sie in den Himmel, wo sie Gott traf oder so (Streberin).

Als ich an der Reihe bin, erzähle ich von der eher unspektakulären Begegnung mit dem Kaninchen und von dem himmlischen Gesang. Maxine wirkt zufrieden. Ich bin es auch. Okay, es war keine Ziege, aber wenigstens bekam ich Besuch von einem Tiergeist. Seltsamerweise hat Simon ebenfalls Besuch von einem Kaninchen bekommen. Komisch. Was könnte das bedeuten? Auch Maxine kann es nicht erklären, vermutet aber, es sei wichtig im Hinblick auf unsere zukünftige Zusammenarbeit.

Nachdem sie uns in die Augen gesehen hat, um sicherzugehen, dass wir vollends von der nichtalltäglichen Wirklichkeit in unsere Körper zurückgekehrt sind und uns gefahrlos ans Steuer setzen können, schickt sie uns mit der Warnung nach Hause, sich nicht ohne professionelle Unterstützung auf schamanische Reisen zu begeben.

Als wir uns auf die Rückfahrt nach London machen, frage ich Simon, was er von unserer gemeinsamen Vision von einem Kaninchen hält.

»Äh … hast du nicht gemerkt, dass das aus *Watership Down* stammt?«

Oh … ah, ja. Ich erinnere mich. Anscheinend haben unsere Visionen starke Anleihen bei einer Szene in einem Zeichentrickfilm unserer Kindheit gemacht, in dem ein geisterhaftes Kaninchen vorkommt.

»Und der himmlische Gesang, von dem du halluziniert hast, war nur Maxine.«

Oh … Maxine hat gesungen, und ich habe es ganz normal gehört, es kam nicht aus der Geisterwelt? Hm, das klingt einleuchtend. Immerhin singt sie gar nicht schlecht.

»Du Dödel«, sagt Simon.

Da ich mich nach unserer Begegnung mit dem walisischen Neoschamanismus entschieden unbehaglich fühle, beschließe ich, die Sache mit der veränderten Wahrnehmung direkt anzugehen. Annette hat es nicht erwähnt, und Maxine hat das Thema elegant umgangen, aber wir alle wissen, dass bei schamanischen Zeremonien auch psychoaktive Substanzen zum Einsatz kommen können. Und so, geneigter Leser, habe ich mich *vielleicht* im Besitz gewisser Pflanzenstoffe befunden, die mir *vielleicht* die schlimmste Erfahrung meines Lebens bescherten, in der ich kopfüber durch die Tore der Wahrnehmung krachte, mich aufführte wie ein Irrer, Möbel umstieß und im Übrigen alle um mich herum in Aufruhr versetzte. Und nein, ich bin ziemlich sicher der Erfahrung, wie man sich als Ziege fühlt, nicht näher gekommen – es sei denn, zum Ziegendasein gehört es, total panisch zu werden und die Umwelt seltsam verzerrt und geometrisch wahrzunehmen und sich aus dem Haus auszusperren und ohne Geldbörse, Handy, Schlüssel,

Schuhe und Socken im Regen zu stehen. Was, das kann ich Ihnen versichern, eine äußerst missliche Lage ist, denn barfuß im Regen herumzustehen lässt dich absolut verrückt wirken, sodass andere Menschen nicht geneigt sind, dir zu helfen, vor allem, wenn du einen irren Blick drauf hast und nicht formulieren kannst, wobei du überhaupt Hilfe brauchst. Drogen jedweder Art (legal und illegal) zu konsumieren, um Ängsten, Langeweile oder existenziellen Sorgen zu entfliehen, gehört zum menschlichen Dasein: Man dröhnt sich zu, um seine Wahrnehmung zu verändern. Doch mir verschafften sie keine Erleichterung, im Gegenteil, meine Sorgen und Ängste verstärkten sich um ein Vielfaches. Schließlich konnte ich einen Taxifahrer überreden, mich zur Wohnung meiner Freundin zu bringen. Das Ganze war alles andere als lustig … Und mehr sage ich jetzt nicht dazu (außer: Kinder, nehmt euch bloß vor halluzinogenen Pflanzen in Acht!).

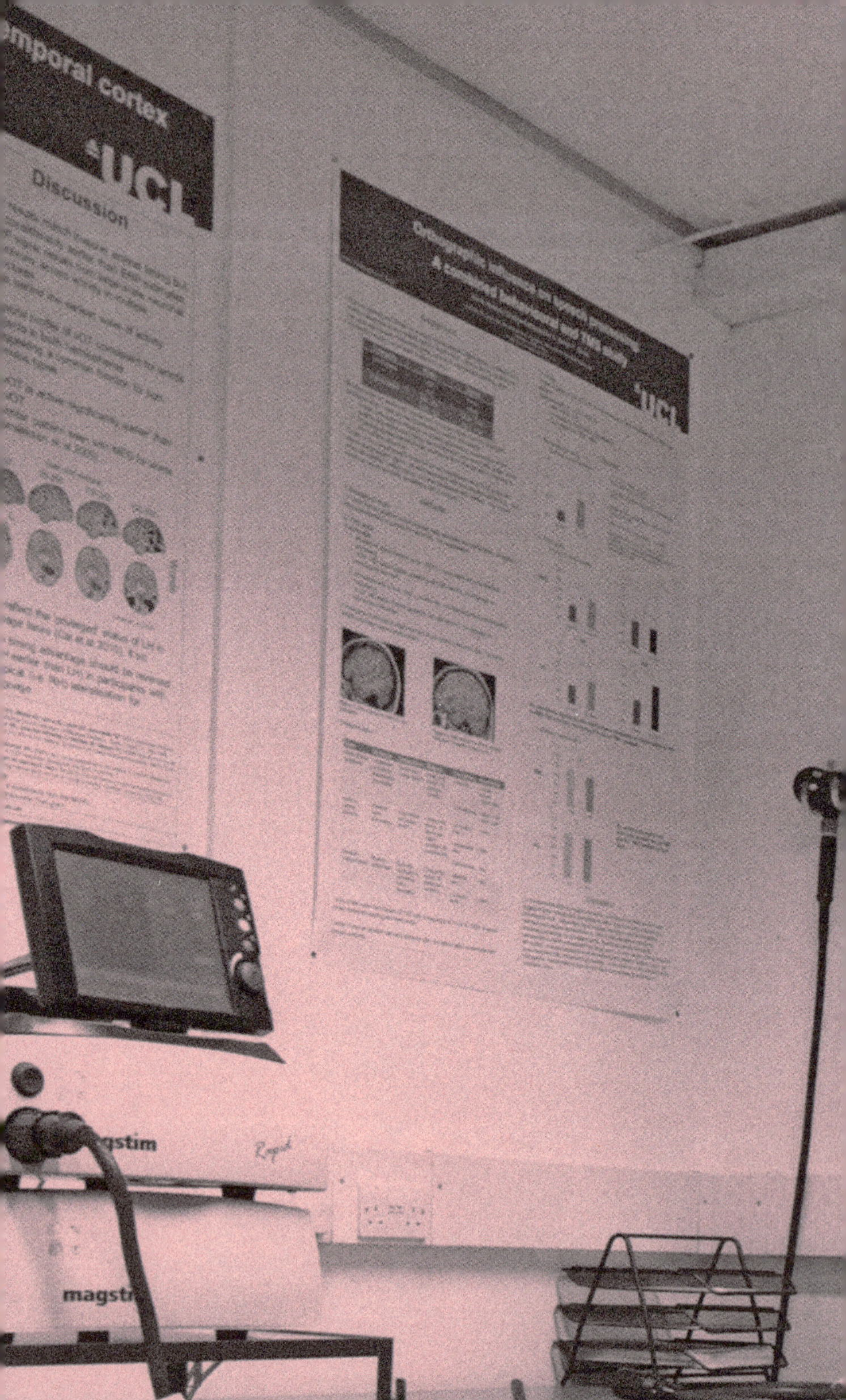
emporal cortex
UCL
Discussion
UCL
gstim

2 Geist

Geist

ZIEGENAUFFANGSTATION BUTTERCUPS

(ein schöner neuer Tag)

Ich muss zurück in die Realität und mich dem Problem der Wahrnehmung bei Ziegen von der soliden wissenschaftlichen Warte aus nähern. Und wer wüsste besser über das Seelenleben von Ziegen Bescheid als der führende britische Experte für ihr Verhalten, Dr. Alan McElligott?[3]

Er und seine Doktoranden studieren die Ziegen in Buttercups, der einzigen Auffangstation Großbritanniens (oder sogar der Welt) für misshandelte Ziegen, die zufälligerweise ganz in der Nähe meiner Wohnung liegt.

Buttercups zu besuchen ist so aufregend. Überall sind Ziegen! Sie laufen im Hof herum, stoßen die Köpfe zusammen, fressen, schlagen aus purem Vergnügen ihre Hörner gegen die metallenen Futtertröge,

3 Dr. Elligotts Fachwissen ist weniger einer heißen und innigen Liebe zu Ziegen geschuldet, sondern hat eher pragmatische Gründe. Als Ethologe (Tierverhaltensforscher) entschied er sich für die Arbeit mit Ziegen, weil sie neophil sind. Wenn man Ziegen mit einer neuartigen Situation konfrontiert (zum Beispiel mit speziellen Versuchsaufbauten für die jeweiligen Experimente), neigen sie weniger als etwa Schafe dazu, das Experiment einfach zu ignorieren und sich in eine Ecke zu verkrümeln. Aufgrund ihrer Neugier sind sie aus kognitiver Sicht interessanter und leichter zu studieren.

Beim Plaudern mit Bob und den Ziegen in Buttercups.

Eine glückliche Ziege?

stehen auf Sachen, sitzen auf Sachen, kauen auf Sachen herum, hinterlassen ihre Kötel auf Sachen … machen alles, was Ziegen gerne tun. Die Auffangstation Buttercups ist der Himmel auf Erden für Ziegen – oder zumindest ein Luxuswellnesshotel. Wenn du eine Ziege in Buttercups bist, erwachst du in deinem eigenen warmen und gemütlichen Stall (den du allein oder mit einem oder mehreren Gefährten bewohnen darfst) und bekommst ein auf deine individuellen Bedürfnisse und Vorlieben abgestimmtes Frühstück. Nach dem Frühstück hast du den Tag zur freien Verfügung, kannst nach Belieben über den Hof spazieren und dich vom Personal verwöhnen lassen (Fellpflege, Pediküre und die beste medizinische Versorgung, die man für Geld bekommt) oder es dir auf den unterschiedlichen Konstruktionen bequem machen, die für dein Wohlergehen bereitgestellt worden sind. Oder wenn du aktiver bist und mehr sportlichen Ehrgeiz hast, warum versuchst du nicht mal, den höchsten Punkt zu erklimmen und König (oder Königin) des Hügels zu werden? Und natürlich kannst du jederzeit über die Wiesen streifen, deren saftiges grünes Gras mit Butterblumen gesprenkelt ist, jenen Blumen, nach denen dein Zuhause benannt ist. Wenn ich eine Ziege bin, möchte ich meinen Lebensabend in Buttercups verbringen.

Ich treffe Bob, den Gründer von Buttercups (»Mit zwei Ziegen habe ich angefangen, jetzt sind es zweihundertfünfzig.«), der mir Ziegengeschichten erzählt und mich seinem Geschäftsführer Gower sowie einigen ehrenamtlichen Ziegenpflegern vorstellt. Es scheint mir ein guter Ort zu sein, und wie mir Gower später anvertraut (nachdem wir einige Ehrenamtliche beobachtet haben, die sich ziemlich exzentrisch verhielten): »Es ist auch eine Zufluchtsstätte für Menschen.«

Ziegenexperte Dr. Alan McElligott

Mein Treffen mit Dr. McElligott findet in seinem Büro an der Queen Mary University in London statt. Dort hängt eine gerahmte Ausgabe der renommierten wissenschaftlichen Fachzeitschrift *Proceedings of the Royal Society B* an der Wand, auf dem Cover eines seiner Versuchstiere.

»Ja, wir haben es auf das Cover geschafft«, bemerkt er beiläufig mit irischem Akzent. Der Mann hat tadellose Referenzen als Ziegen-Koryphäe.

Ich möchte mich aus offensichtlichen Gründen über das Verhalten von Ziegen informieren. Für Dr. McElligott sind die Gründe jedoch nicht ganz so offensichtlich, daher fangen wir ganz am Anfang an.

»Warum wollen Sie eine Ziege sein?«, fragt er.

»Na ja, ich war bei einer Schamanin, und sie hat mir dazu geraten, eine Ziege zu werden.«

»Aha. Ich verstehe«, erwidert Dr. McElligott. Nach einer Pause fährt er fort: »Warum waren Sie bei einer Schamanin?«

»Mein Versuch, ein Elefant zu werden, hat mich zu sehr deprimiert.«

»Ja, natürlich«, meint Dr. McElligott. Wirft er gerade einen resignierten Blick zur Uhr an der Wand, während ich mich an seinen Schreibtisch setze?

»Darf ich fragen, warum Sie ein Elefant werden wollten?«

»Ah, ja … Irgendwie habe ich als Mensch die Last der Welt auf meinen Schultern gespürt und dachte: Wäre es nicht besser, mal eine Weile lang ein Tier zu sein? Damit ich mir keine Sorgen mehr machen muss, Sie wissen schon, über das, was Menschen Angst macht.«

»*Aaaaah ja.*«

»Da habe ich mich gefragt: Machen sich Ziegen Sorgen?«

»Ja.«

Mist.

Zum Glück hat Dr. McElligott noch mehr dazu zu sagen: »Ich würde es nicht direkt *Sorgen* nennen. Sie werden unruhig – gestresst vielleicht. Das wissen wir aus einem Experiment in Buttercups, um ihre emotionale Verfassung zu ermitteln. Wir haben sie an einen Herzmonitor angeschlossen, ihre Lautäußerungen aufgezeichnet und gefilmt, ob sie den Schwanz und die Ohren aufstellen und dergleichen. Und dann haben wir die Ziegen in einen ›negativen Zustand‹ versetzt.«

Dr. McElligott legt Wert darauf zu betonen, dass man dabei immer »ethischen Grundsätzen folgt« und »das Wohl der Ziegen nie gefährdet ist, denn das wäre ethisch nicht vertretbar«. Und wenn die Tiere Stress ausgesetzt würden, dann »höchstens fünf Minuten« und so weiter. Seine Beteuerungen haben auf mich allerdings eher den gegenteiligen Effekt, und ich stelle mir ein Experiment à la *Clockwork Orange* vor, nur eben mit Ziegen.

Dr. McElligott fährt fort: »Unser Experiment ist ein sogenanntes Futter-Frustrations-Experiment. Es läuft so ab, dass wir eine Ziege in einem Stall füttern, während die Ziege im Stall nebenan zusehen muss. Die Ziege, die kein Futter bekommt, wird also in einen negativen Zustand versetzt. Aber nicht in extremen Stress, denn das wäre ethisch nicht vertretbar.«

Dr. McElligott und seine Ethikkommission haben darüber beraten, ob es unethisch ist, eine Ziege leicht neidisch zu machen, und sind zu dem Schluss gekommen, dass es im Namen der Wissenschaft durchaus vertretbar wäre. Vorausgesetzt, die Ziege ist höchstens fünf Minuten lang neidisch.

»Wenn man Ziegen zuhört, klingt alles sehr monoton. Tatsächlich jedoch gibt es ganz feine Veränderungen in ihrem Blöken und auch in ihrer Ohren- und Schwanzstellung, je nachdem, ob sie sich in einem neutralen, einem negativen oder sogar einem leicht positiven Zustand befinden.«

Ziegen können also ein bisschen gestresst werden und klingen dann ein bisschen anders. Ich will Dr. McElligott und seinen Kollegen gegenüber nicht undankbar sein, aber das ist nicht gerade der profunde Einblick in das Bewusstsein von Ziegen, den ich mir erhofft hatte. Im Lauf unserer Unterhaltung beginne ich jedoch Dr. McElligotts Herangehensweise zu verstehen. Als Ethologe ist es ihm wichtig, Aussagen über das Bewusstsein von Tieren mit einem gewissen Grad an Sicherheit zu treffen (und zwar mit einem quantifizierbaren Grad an Sicherheit). Das ist extrem schwierig. Es ist schon schwer genug herauszufinden, was im Kopf eines anderen Menschen vorgeht, wenn man den Vorteil hat, selbst ein Mensch zu sein, und obwohl wir uns mit Worten ausdrücken können, verstehen wir einander oft falsch. Bei Tieren kann man nicht nur nicht fragen, was sie denken, sondern nicht einmal aus der eigenen Erfahrung schöpfen. Denn woher soll man wissen, wie es ist, ein Tier zu sein? Darin besteht die Krux für einen Ethologen: Um sicher sagen zu können, was ein Tier denkt, muss man es dazu bringen, es irgendwie zu demonstrieren.

Ich stelle es mir so ähnlich vor wie bei einem Wissenschaftler einer Spezies von Außerirdischen, die die Welt anders wahrnehmen und anders kommunizieren als wir. Von der begründeten Annahme ausgehend, dass ich es nicht mag, auf den Kopf geschlagen zu werden, schlägt mich der Wissenschaftler probeweise auf den Kopf und stellt fest, dass ich andere Laute von mir gebe als sonst, die Augen zusammenkneife und die Stirn runzle. Er schließt dann daraus, dass *Homo sapiens sapiens* diese Reaktion zeigt, wenn er in einen negativen Zustand versetzt wird. (»Hey, Zarg, anscheinend gefällt ihm deine Kitzelprobe nicht.«)

Als wir uns ein Video von niedlichen Zicklein ansehen, die vor lauter *Freude* überall herumspringen, weil man sie nach dem Winter aus dem Stall gelassen hat, kommentiere ich: »Was für glückliche Ziegen!« Dr. McElligott mahnt zur Vorsicht. »Man kann die Ziegen vermenschlichen und sagen, dass sie glücklich sind. Aber um es sicher zu ermitteln und nicht nur anzunehmen, müssen wir es wissenschaftlich erforschen. Ich würde also sagen, dies ist ein Hinweis darauf, dass sie in aufgeregtem Zustand viele Laute von sich geben.« Unser ganzes Gespräch hindurch vermeidet er Formulierungen, mit denen Ziegen in irgendeiner Weise vermenschlicht werden.

Dr. McElligott und Annette nähern sich dem Innenleben von Tieren aus gegensätzlichen Richtungen. Annette spricht Tieren alle Aspekte einer Persönlichkeit zu, während Dr. McElligott von der Annahme ausgeht, dass sie keine besitzen. Ich vermute allerdings, dass sich ihre Ziele im Hinblick auf eine Neubewertung des gegenwärtigen Verhältnisses zwischen Mensch und Tier gar nicht so sehr unterscheiden, denn Dr. McElligott trägt mit seiner Arbeit maßgeblich dazu bei, das Wohl von Milliarden von Tieren zu verbessern, die als Nutztiere gehalten werden.

Er erzählt mir von einem Experiment in Buttercups, mit dem untersucht werden sollte, ob Ziegen, die vor ihrer Aufnahme von ihrem Halter misshandelt wurden, eine »negative kognitive Verzerrung« zeigten, also das Glas halb leer sahen. Man präsentierte ihnen einen uneindeutigen Reiz in Form eines kurzen Korridors, an dessen Ende während der Trainingsphase nur bei der Hälfte der Versuche eine Belohnung auf sie gewartet hatte. Würden sie nun den Korridor entlanggehen und nachsehen (Glas halb voll) oder nicht (Glas halb leer)? Durch ihre Entscheidung, es zu tun oder zu lassen, offenbarten die Ziegen den Ethologen, die sie mit dem Klemmbrett in der Hand beobachteten, ihre Stimmung.

Buttercups ist ein wahres Asyl für Tiere. Viele der dort lebenden Ziegen wurden aus mehr oder weniger schrecklichen Verhältnissen gerettet. Als wir dort ankamen, erzählte Bob uns richtige Horrorgeschichten. Eine Ziege namens Lucky wurde von einem Passanten in einem Teich gefunden. Man hatte ihr den Hals aufgeschlitzt und den Schwanz abgeschnitten und sie in den Teich geworfen, damit sie ertrank. Mit viel Glück überlebte sie und wurde nach Buttercups gebracht, daher der Name Lucky. Bei einer anderen Ziege dachte man, sie habe ein schwarzes Fell, dabei war es mit Diesel durchtränkt. Sie heißt jetzt Diesel. Geschichten von Menschen, die Ziegen quälen, gibt es in Buttercups zuhauf (weitere Ziegen heißen Curry und Bobbin, d.h. Spule.) Dr. McElligotts Forschungen ergaben, dass misshandelte Ziegen nach mindestens zwei Jahren guter Pflege in Buttercups keine pessimistischere Einstellung zeigten als ihre nicht misshandelten Artgenossen. Die geretteten weiblichen Ziegen waren sogar ein kleines bisschen positiver eingestellt als die Vergleichsgruppe, was darauf schließen lässt, dass Tiere, die ihren Peinigern entkommen, langfristig optimistischer sind.

Bei ähnlichen Experimenten mit Menschen stellt man bei manchen Testpersonen eine negative kognitive Verzerrung fest, die stark damit korreliert, dass sie unter Niedergeschlagenheit und (falls diese anhält) einer klinischen Depression leiden (wie aus ihren Antworten auf einem Fragebogen hervorgeht).[4] Wenn nun Ziegen nach außen hin ebenfalls eine negative kognitive Verzerrung zeigen, können wir dann daraus ableiten, dass sie innerlich niedergeschlagen oder gar deprimiert sind? Es wäre doch kleinlich, Ziegen Emotionen abzusprechen, während ein entsprechendes Verhalten bei Menschen als Indikator für Traurigkeit gilt.

Experimente zur kognitiven Verzerrung sind ein gängiges Mittel, um die Tatsache zu umgehen, dass Tiere einem nicht mitteilen können, wie sie sich fühlen (es gibt keine Erhebungen, in denen Ziegen gefragt werden: »Wie oft haben Sie im letzten Monat soziale Situationen vermieden?«). Man hat Experimente mit Schafen, Hunden, Ratten, Staren

4 **Anstatt »negative« könnte man auch »weniger positive« kognitive Verzerrung sagen, denn Experimente legen nahe, dass Menschen mit leichten Depressionen ihre Lebensperspektiven tatsächlich realistischer einschätzen. Zum Beispiel neigen sie weniger dazu zu glauben, dass es sich lohnt, ein Lotterielos zu kaufen, und mehr, dass sie zu dem Drittel Personen gehören, die an Krebs erkranken.**

und Hühnerküken durchgeführt. Und als man sie unterschiedlichen (ganz bestimmt ethisch vertretbaren) stressigen Situationen aussetzte, stellte man bei allen eine negative kognitive Verzerrung fest, folglich dürfen wir auch ihnen emotionale Zustände zuschreiben. Nichtmenschliche Tiere zeigen eine negative kognitive Verzerrung und können somit traurig sein. Bei Tieren wie Ziegen, Hunden oder Ratten ist dieses Ergebnis nicht sonderlich überraschend, aber was ist mit Bienen? Kann eine Biene deprimiert sein oder zumindest negative Gefühle haben? Denn auch bei Bienen kennt man kognitive Verzerrungen. Ich habe Dr. Geraldine Wright von der Newcastle University, die an entsprechenden Forschungen bei Bienen beteiligt war, nach ihrer Einschätzung gefragt. Sie antwortete: »Es widerspricht der Logik, Ziegen und anderen Säugetieren aufgrund von Experimenten zur kognitiven Verzerrung Emotionen zuzuschreiben und Bienen nicht.« Also gibt es vielleicht Bienen, die irgendwo da draußen traurig herumsummen – oder aber eine negative kognitive Verzerrung heißt nicht unbedingt: Ich bin traurig.

Die Tatsache, dass selbst die grundlegendsten Gefühle bei Tieren wissenschaftlich nur schwer zu erfassen sind, zeigt, wie schwer es ist, eindeutige Aussagen darüber zu treffen, was in ihrem Kopf vorgeht. Das ist einer der Gründe, warum Ethologen wie Dr. McElligott sich so vorsichtig über das Innenleben von Tieren äußern.

Dr. McElligott wendet sich wieder der Frage zu, ob Ziegen sich Sorgen machen.

»Also, auch wenn Ziegen sich keine Sorgen machen, gibt es doch Dinge, die sie beunruhigen, und das hat mit ihrer Entwicklungsgeschichte zu tun. In der Wildnis ist ein Tier wie die Ziege ein Beutetier. Ziegen müssen fressen und zum Wasserloch gehen, um zu trinken, allerdings müssen sie ihre Bedürfnisse gegen das Risiko abwägen, das sie zu deren Befriedigung eingehen. Beim Fressen und so weiter sind die Ziegen daher ständig auf der Hut vor Raubtieren und ständig ein bisschen nervös.«

Mein wichtigstes Anliegen als frei lebende Ziege wäre demnach, mir Fressen zu beschaffen, ohne selbst gefressen zu werden. Ich habe keine Erfahrung als Beutetier. Immer auf der Hut zu sein, weil man riskiert angefallen und bei lebendigem Leib verschlungen zu werden, klingt ziemlich stressig. Aber hey, ich wohne im gentrifizierten Londoner Stadtteil Bankside, wo man jederzeit von einem Bus oder einem Sportwagen mit einem millionenschweren Geschäftsmann am Steuer überfahren werden kann. Jedes Tier muss mit dem Risiko des plötzlichen Todes leben, aber nur wir Menschen haben das leidige Problem, uns bewusst Sorgen darüber machen zu können, vor allem wenn es um unsere Partner, Freunde und Familienangehörigen geht. Als Herdentiere haben Ziegen jedoch auch soziale Zwänge.

Dr. McElligott widmet sich jetzt dem Sozialleben von Ziegen. In der Wildnis leben sie normalerweise in geschlechtergetrennten Gruppen mit einer klar festgelegten linearen Hierarchie. Das dominante Ziegenmännchen oder -weibchen darf an den besten Plätzen schlafen, darf fressen, was es will, und darf darüber bestimmen, wohin die Herde zieht. Die Hackordnung (der Begriff wurde von der streng hierarchischen Rangordnung bei den Haushühnern übernommen) setzt sich bis ganz nach unten fort. Wenn ich also als rangniedere Ziege ein besonders saftiges Fleckchen Gras oder ein schönes warmes Plätzchen zum Schlafen finde, und eine Ziege, die in der Hierarchie höher steht als ich, gesellt sich dazu, sollte ich mich besser verziehen, denn sonst gibt es bestimmt Ärger.

Die strenge Hierarchie sorgt dafür, dass man nicht ständig über alles streiten muss, weil jeder seinen Platz kennt und weiß, wer über ihm steht. Manchmal will man natürlich seine Grenzen austesten oder muss als Neuling in der Herde erst einmal seinen Platz erobern, dann prallen im Kampf um die Dominanz schon mal Köpfe aufeinander. Aber Ziegen rangeln nicht immer nur, sie haben auch Freunde, gehen durchaus Bindungen ein und verbringen mit manchen Ziegen mehr Zeit als mit anderen.

Als Ziege müsste ich also in einem sozialen Umfeld überleben, in dem Dominanz eine wichtige Rolle spielt: Freunde finden und möglichst nicht aus der Reihe tanzen, um keinen Aufruhr zu verursachen.

Immer seinen Platz in der Herde im Auge zu behalten ist eine anspruchsvolle kognitive Aufgabe, zumal Ziegen in der Wildnis etwas praktizieren, was Ethologen als Fission-Fusion bezeichnen: Kleinere Splittergruppen lösen sich von der Hauptherde, bleiben eine Weile unter sich und kehren später wieder zu den anderen zurück. Eine Ziege befindet sich also in ständig wechselnder Gesellschaft und muss sich nicht nur merken, wer sie mag, wem sie aus dem Weg gehen sollte, wen sie dominieren kann und wem sie sich unterzuordnen hat, sondern auch ihr Verhalten anpassen, je nachdem, mit wem sie gerade zusammen ist. Wenn ich zum Beispiel in einer Gruppe von Ziegen das ranghöchste Tier bin, muss ich ein Bewusstsein dafür haben, dass ich jetzt der Chef bin. Und wenn ich unter meinen derzeitigen Gefährten nicht das dominante Tier bin, muss ich Strategien entwickeln, um beim Fressen und bei den Weibchen nicht ganz leer auszugehen, etwa indem ich erkenne, wann genau mein Chef mit seiner Aufmerksamkeit gerade woanders ist.

Man nimmt an, dass die Anforderungen des Lebens in einer so komplexen sozialen Umwelt ein Grund dafür sind, warum Ziegen, aber auch Menschen, Hunde und viele andere soziale Wesen diese ausgefeilten kognitiven Fähigkeiten entwickelt haben. Wie intelligent sind Ziegen also?

Bob von Buttercups hat tolle Geschichten von klugen Ziegen auf Lager. Zweiunddreißig seiner Schützlinge haben eine Versuchsreihe der Royal Navy überlebt, mit der erforscht werden sollte, was mit einem Menschen passiert, der in unterschiedlichen Tiefen ein U-Boot verlassen muss. Dafür steckte man die Ziegen in eine Überdruckkammer und beobachtete, bei welchen Druckverhältnissen sie die Taucherkrankheit bekamen (man nahm Ziegen, weil ihre Atemphysiologie unserer sehr ähnelt). Die Ziegenpfleger der Navy erzählten Bob, sie hätten nach einer Weile bemerkt, dass manche der Ziegen hinkten, wenn man sie zur Druckkammer führte (das Experiment konnte nur mit gesunden Tieren durchgeführt werden), brachte man sie jedoch zum Stall zurück, war das Hinken wie durch ein Wunder plötzich verschwunden.

Es fällt mir schwer, diese Anekdote zu glauben: »Wirklich? Sie haben ein Hinken vorgetäuscht, damit man nicht mit ihnen herumexperimentiert?« *Alles klar*, Bob. Ziegen verstehen experimentelle Methoden. Ziegen können so tun, als würden sie hinken. Du liebst diese Ziegen wirklich, was, Bob?

Weil ich Bob gegenüber nicht ungerecht sein will, recherchiere ich ein bisschen im Internet. Angesichts der Tatsache, dass die Welt anscheinend voller Geschichten von wilden und domestizierten Tieren ist, die etwas vortäuschen, kommt mir Bobs Geschichte gar nicht mehr so unglaubwürdig vor. Es gibt ein lustiges Video von Mr. Snuggles, einem Kater, der so tut, als würde er hinken, damit er ins Haus darf. Bob hat mir auch erzählt, dass sie zusätzliche Schlösser an sämtlichen Stalltüren anbringen mussten, weil manche Ziegen gelernt haben, den Riegel zurückzuschieben, und einfach herausmarschierten. Als er eines Abends die Ziegen in den Stall trieb, fiel ihm auf, dass er manche zweimal ins Bett brachte. Und offenbar befreiten sich die Ziegen nicht nur selbst, um noch länger draußen herumstreifen zu können, sondern ließen auch noch ihre Freunde aus den Ställen.

Als ich Dr. McElligott nach der Intelligenz von Ziegen frage, bringt ihn meine Formulierung auf die Palme.

»Sind Ziegen so intelligent wie, sagen wir, ein dreijähriges Kind?«

»Grrr!« Dr. McElligott ist sichtlich verärgert.

»Ich hasse solche Vergleiche. Neulich habe ich die Überschrift gelesen: ›Neukaledonienkrähen sind so schlau wie siebenjährige Kinder.‹ Hmmm, genau … Man hat Kognitionstests mit ihnen durchgeführt, die Kinder ab einem Alter von sieben Jahren schaffen. Aber das heißt doch noch nichts. Auch wenn das Verhalten sehr ähnlich erscheinen mag, kann man nicht wissen, was im Gehirn abläuft. Am meisten ärgert mich allerdings daran, dass ich denke, ein Tier sollte für sich genommen interessant sein und nicht nur, weil es mit einem siebenjährigen Kind mithalten kann. Denn der Umkehrschluss lautet: Wenn ein Tier nicht so intelligent wie ein siebenjähriges Kind ist, ist es dann weniger wert? Dürfen wir es dann schlecht behandeln oder zumindest nicht so gut, wie wir könnten? Ist es unwichtiger? Das finde ich nicht!«[5]

Als ich mich verabschieden will, um Dr. McElligott nicht länger zu stören, stellt er mir eine Frage, vor der ich mich schon gefürchtet und die ich wegen ihrer unangenehmen Implikationen bewusst außen vor gelassen habe: »Warten Sie. Ich habe nicht nachgefragt, aber ich gehe davon aus, dass Sie eine männliche Ziege werden wollen, oder? Es gibt nämlich bedeutende Unterschiede zwischen den Geschlechtern …«

Mein Geschlecht und meine Sexualität als Ziege wollte ich eigentlich ausklammern. Bei meiner Bewerbung für das Stipendium dachte ich, es verstehe sich von selbst, dass ich auch als Elefant ein Mann bleiben wollte, weil dort nirgendwo stand: »Ich möchte ein Transgender-Elefant werden.« Transgender *und* Transspezies? Das wäre wohl ein bisschen überambitioniert.

Aber der Sex nimmt offensichtlich einen großen Teil des Tierlebens ein. Aus darwinistischer Sicht ist Fortpflanzung der *einzige Sinn* im Leben eines Tieres (auch wenn das für den Einzelnen von uns keine Rolle spielt. Schließlich hat niemand Sex, weil er sich verpflichtet fühlt, seine Gene weiterzugeben, oder?).

Allerdings weiß ich nicht, ob ich bereit bin, für dieses Projekt »bis zum Äußersten« zu gehen. Meine Freundin wäre sicherlich fassungslos, wenn ich sie mit einer Ziege betrügen würde. Die Vorstellung von

5 **Analog ließe sich natürlich argumentieren: Wenn unser Umgang mit Tieren davon abhängt, ob sie so klug wie siebenjährige Kinder sind, könnte man Menschen, die auf dem geistigen Niveau eines unter Siebenjährigen sind, wie Batteriehühner halten. Aber das wäre dem Philosophen Peter Singer zufolge Speziesismus.**

Sex mit einer Ziege ist so unappetitlich, dass ich, müsste ich mich für eins von beiden entscheiden, lieber eine ganze Dose Würmer verspeisen würde. Geneigter Leser, ich versichere Ihnen, dieses Projekt ist kein billiger Trick, um mit einer anderen Spezies »herummachen« zu können. Aus künstlerischer Sicht würde so ein hohes Maß an Engagement natürlich viel bringen. Gewisse Avantgarde-Galerien in Berlin würden sich um ein Werk dieser Art bestimmt reißen. Außerdem würde das Projekt durch das enorme Medienecho ein breites und diverses Publikum erreichen (ein dicker Pluspunkt aus Sicht des Wellcome Trust). »Größte biomedizinische Forschungsstiftung der Welt bezahlt Designer für Sex mit Ziege.« Ich würde den entsprechenden Artikel auf jeden Fall lesen. Weniger erpicht bin ich jedoch darauf, selbst als Hauptperson darin vorzukommen. Wenn man mich wegen grob unsittlichen Verhaltens, Sodomie, Missbrauchs von Stiftungsgeldern und so weiter anklagen würde, wäre das jedenfalls ziemlich aufschlussreich. Die Verteidigung in einer solchen Rechtssache berührt nämlich den Kern meines Projekts. Wenn ich mich vor Gericht dafür rechtfertigen muss, ähm, Geschlechtsverkehr mit einer Ziege gehabt zu haben, ist das – gewissermaßen – ein Beweis dafür, dass ich mit meinem Projekt erfolgreicher war, als ich es in meinen kühnsten Träumen zu hoffen gewagt hätte. Denn zu Sex mit einer Ziege wird es nur kommen, wenn ich das auch wirklich will, und ein solcher Wunsch würde demnach bedeuten, dass ich mich gedanklich derart in eine Ziege hineinversetzt habe, dass ich ihren Instinkt entwickelt habe, mich mit anderen Ziegen zu paaren.

Natürlich möchte ich, dass das Projekt möglichst erfolgreich ist, also … Ach herrje. Läuft es wirklich darauf hinaus? Als Mensch habe ich keine Lust auf »Verkehr« mit einer Ziege. Aber was ist, wenn ich mich so sehr in eine Ziege verwandle, dass ich es dann doch will? Das ist ein Dilemma: Der Wunsch, eine Ziege zu sein, beinhaltet automatisch den Wunsch, Sex mit anderen Ziegen zu haben. Würde ein solcher Akt stattfinden, wäre das jedenfalls ein schlagender Beweis für den Erfolg meines Projekts. Wie habe ich es bloß geschafft, mich in so ein speziesübergreifendes philosophisches Liebeswirrwarr hineinzumanövrieren?

Zum Glück weisen mir die Natur und Dr. McElligott einen Ausweg. Ziegen leben in streng geschlechtergetrennten Gruppen. Sie kommen nur für die Paarung zusammen, wenn die Weibchen brünstig werden. Man nimmt an, dass dies durch den Geruch der Männchen ausgelöst wird, und Ziegenböcke geben sich große Mühe, ihren Ziegenbart mit dem eigenen Urin zu bespritzen, um den Geruch noch zu verstärken und sich attraktiver für die Weibchen zu machen. Das heißt, selbst wenn es mir gelingt, so sehr zur Ziege zu werden, dass ich Sex mit einer Angehörigen *meiner eigenen* Spezies haben will, werde ich nur zu einer bestimmten Zeit des Jahres dazu in der Lage sein. In unseren Breiten wäre das um den August herum. Sofern ich mein Leben als Ziege erst danach aufnehme, sollte es mir erspart bleiben, mich mit etwas/jemand zu paaren. Ich möchte einen möglichst großen Bogen um die Brunstzeit machen, muss aber, um die Bedingungen des Stipendiums zu erfüllen, die Alpen überqueren. In den Wintermonaten ist das Wetter in den Alpen ziemlich unwirtlich, und der Winter beginnt bereits im Oktober. Somit bleibt mir nur ein ziemlich schmales Zeitfenster, wenn ich weder ein Ziegenweibchen begatten noch aufgrund des Wintereinbruchs in den Bergen umkommen möchte.

Wie stelle ich es am besten an, mich mental in eine Ziege zu verwandeln? Wir müssen ja bereits einiges gemeinsam haben. Wenn das Leben auf der Erde vor 3,8 Milliarden Jahren begann und der letzte gemeinsame Vorfahre von Ziege und Mensch vor fünf Millionen Jahren lebte, teilen wir den Großteil unserer Evolutionsgeschichte. Für mich legt das nahe, dass tief in jedem von uns eine Ziege steckt. Ebenso wie die Ziegen waren auch wir einst wilde Tiere. Bis vor gerade mal

10.000 Jahren zogen Menschen als Jäger und Sammler durch die Landschaft und lebten in Sippen mit etwa hundertfünfzig Mitgliedern – Herden, wenn man so will. Entwicklungsgeschichtlich ist es nur einen Wimpernschlag her, dass wir anfingen, uns in großen Städten niederzulassen und auf Stühlen zu sitzen, mit Zugang zu süßer, fettiger Nahrung das ganze Jahr über, sodass wir nicht einmal mehr jagen müssen, um satt zu werden. Die Ziegen haben uns bei dem Übergang von Jäger-und-Sammler-Gemeinschaften zur Sesshaftigkeit begleitet. Eine Ziegenart ist heute domestiziert, und interessanterweise könnte man das mit gutem Grund auch von uns behaupten.

Pan treibt es mit einer Ziege. Die Statue aus der römischen Stadt Herculaneum bezeugt, dass der Mensch sich schon lange Gedanken über solche Dinge macht.

Die Gattung *Capra* umfasst neun Arten. Acht davon sind Wildziegen und in Nordafrika, Europa und Kleinasien beheimatet, darunter der majestätische Alpensteinbock, der durch die Hochlagen der Alpen streift (die in den Rocky Mountains vorkommende Schneeziege ist streng genommen gar keine Ziege). Aus der Bezoarziege, die heute noch in einer Bergregion von der Türkei bis Pakistan zu finden ist, entwickelte sich die Hausziege. Sie wurde durch den Menschen auf der ganzen Welt verbreitet.

Unsere enge Beziehung zu Ziegen begann etwa 9.000 v. Chr. in einem Landstrich, der als Fruchtbarer Halbmond bezeichnet wird. In dieser Gegend an den Ausläufern des Zagros-Gebirges, wo Afrika auf Eurasien trifft, begannen die Jäger und Sammler erstmals sesshaft zu werden und Ackerbau zu betreiben. Sie ist die Wiege der agrarischen Zivilisation.

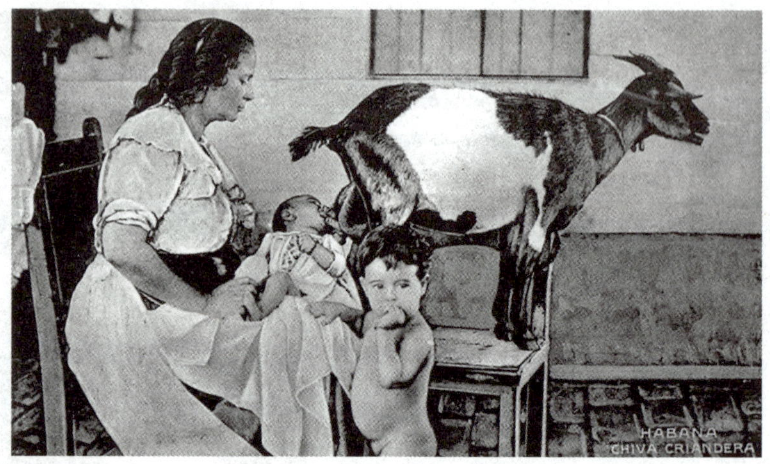

Artübergreifendes Stillen.

Diese ersten Bauern dachten wohl, sie könnten sich viel Mühe ersparen, wenn sie ein paar Ziegen gefangen hielten, anstatt sich an die nervösen, frustrierend flinken Tiere heranpirschen zu müssen, um sie erlegen zu können. Und wenn zur Herde mindestens einer der störrischen Böcke gehörte, vermehrte sich der Bestand von selbst, man musste nur der Natur ihren Lauf lassen. So wurde die Bezoarziege das erste domestizierte Nutztier des Menschen (mehrere Tausend Jahre zuvor hatten sich bereits ein paar beherzte Wölfe zum besten Freund des Menschen entwickelt). Neben dem Fleisch der Ziegen hatten wir nun als Dreingabe auch noch ihre Milch, mit der wir unsere Kinder füttern und aus der wir Ziegenkäse für die Erwachsenen herstellen konnten. Die Verarbeitung der Milch vor dem Verzehr durch Erwachsene war notwendig, denn dadurch wird ihr Laktosegehalt reduziert. Erst ein paar Tausend Jahre später kam es zu einer Genveränderung, die bewirkte, dass das Verdauungsenzym, das die in der Milch enthaltene Laktose aufspaltet, auch im Erwachsenenalter aktiv ist. Der Mensch ist das einzige Tier, das nach dem Abstillen weiterhin Milch trinkt, wobei er die Muttermilch gegen die Milch anderer Spezies eintauscht. Doch nur rund 35 Prozent der Menschen, hauptsächlich Bewohner Nordeuropas, können dieser merkwürdigen Gewohnheit frönen, ohne richtig krank zu werden.

Wie heute wurden auch damals die meisten jungen Böcke geschlachtet (Archäologen haben ganze Berge von Knochen männlicher Ziegen gefunden), weil ein Ziegenbock genügt, um den Bestand zu ergänzen, und männliche Ziegen keine Milch für Ziegenkäse geben. Wahrscheinlich behielt man die pflegeleichteren Exemplare, also diejenigen, die im Umgang mit dem Menschen am wenigsten Aggression und Angst zeigten. Und so hatten diese in Gefangenschaft gehaltenen wilden Bezoarziegen im Lauf von Generationen genetisch bedingt weniger Angst vor Menschen und waren weniger aggressiv. Aus irgendeinem Grund geht das zahmere Wesen einer Spezies mit einer Reihe anderer Veränderungen einher. Nicht alle diese Veränderungen gelten für alle Spezies, aber in der Regel bekommen die Tiere kleinere Hörner und Zähne, eine weniger gedrungene Statur, ein flacheres Gesicht und neigen zu Schlappohren, und sie behalten im Erwachsenenalter ein jugendliches Verhalten bei: Sie sind verspielter, haben öfter gleichgeschlechtlichen Sex und sind toleranter gegenüber anderen Individuen. Außerdem wird bei allen Spezies die Domestizierung mit einem schrumpfenden Gehirn in Verbindung gebracht. Hunde haben ein kleineres Gehirn als Wölfe, Hausziegen haben ein kleineres Gehirn als Bezoarziegen, und Hausschweine haben ein kleineres Gehirn als Wildschweine. Interessanterweise ist auch das menschliche Gehirn im Laufe der letzten 30.000 Jahre geschrumpft. Das Gehirn jener Menschen, die den Löwenmenschen vom Hohlenstein-Stadel geschnitzt haben, war um das Volumen eines Tennisballs größer als unser heutiges Gehirn. Außerdem waren sie stämmiger und hatten größere Zähne und vorstehende, schnauzenartige Kiefer.

Dieses Muster führt zu dem interessanten Gedanken, dass auch der Mensch einen Domestizierungsprozess durchlaufen hat, eine Selektion hin zu geringerer Aggressivität. Nur dass wir uns selbst domestiziert haben. Wie mag die Selbstdomestizierung abgelaufen sein? Laut Richard Wrangham, Professor für biologische Anthropologie an der Harvard University, könnte es sich so abgespielt haben: Wenn jemand (vermutlich eher ein wütender junger Mann) mit seinem Jähzorn ständig die Gruppe störte, setzten sich die anderen vielleicht zusammen und beschlossen, dass es reichte und sie etwas gegen besagten jungen Mann unternehmen müssten. Sie schritten zur Tat und schlugen ihm einen Stein auf den Kopf oder stießen ihn von einer Klippe oder spießten ihn mit einem Speer auf. Das mag ein rabiates Vorgehen gewesen sein, löste aber das Problem.

Unsere Vorfahren wählten wahrscheinlich den aggressivsten, problematischsten Bock zum Schlachten aus, und eine ähnliche Selektion könnte sich im Verlauf der vergangenen 30.000 Jahre auch in den menschlichen Gemeinschaften vollzogen haben. Die Todesstrafe ist ein wichtiger Teil der Gesellschaft, wahrscheinlich schon so lange, wie diese existiert. In einem der ältesten Gesetzestexte der Menschheit, dem Codex Hammurabi, der vor fast 4.000 Jahren in Stein gemeißelt wurde, steht auf alle möglichen Delikte die Todesstrafe. Und Studien über Jäger-und-Sammler-Völker, die heute in Papua-Neuguinea leben, haben ergeben, dass über 15 Prozent der männlichen Mitglieder einer Gruppe durch die Todesstrafe sterben. Wenn man die Störenfriede also früh aussortiert, bevor sie Zeit haben, viele Kinder in die Welt zu setzen, führt das dieser Theorie zufolge dazu, dass sich die genetische Disposition für Aggression und Jähzorn in der Population allmählich immer weniger weitervererbt.

Kaltblütige, vorsätzliche Aggression wie der Beschluss, sich gemeinsam eines Störenfrieds zu entledigen, ist also dafür verantwortlich, dass die Neigung zu heißblütiger, wütender, rückständiger Aggression in unserer Spezies immer mehr abnimmt, was zu unserer Selbstdomestizierung geführt hat. Und ebenso wie andere Spezies entwickelten wir dadurch einen schlankeren Körper, ein flacheres Gesicht, ein kleineres Gehirn und ein jugendlicheres Verhalten, sodass wir auch als Erwachsene neugierig bleiben, neue Dinge lernen können und allgemein dem Verhalten anderer gegenüber toleranter sind, selbst in einer überfüllen U-Bahn.

Die kleineren Gehirne von heute könnten ein Ergebnis der Selbstdomestizierung sein – oder auch der Beweis dafür, dass wir als Spezies jetzt einfach dümmer sind als früher. Wenn Letzteres zutrifft, liegt es laut einer Theorie schlicht daran, dass unser Überleben nicht mehr so sehr von unserer Intelligenz abhängig ist. Der Selektionsdruck hin zu höherer Intelligenz ist geringer geworden. Diejenigen Individuen, die früher nicht klug genug waren, um zu überleben und sich zu vermehren, so die Argumentation, konnten sich, als die Menschen anfingen, in größeren Gemeinschaften zusammenzuleben, am Rande der Gruppe durchschlagen. Hier ist nicht etwa ein prähistorisches Gesundheitssystem gemeint, sondern allein die Tatsache, dass das Überleben eines Menschen im Laufe der Zeit immer weniger von seinem eigenen Verstand abhing.

Aber welche Theorie stimmt nun? Angesichts der langen Zeiträume haben wir keine direkte Möglichkeit herauszufinden, ob wir nun dümmer werden oder uns domestizieren (vielleicht gelingt es ja irgendwann einem einfallsreichen/verrückten Wissenschaftler/genialen Schurken, aus uralter DNA einen prähistorischen Menschen zu erschaffen). Allerdings gibt es Belege dafür, dass wir dümmer werden. Es besteht ein Zusammenhang zwischen Reaktionszeit und Intelligenz. In den 1880er-Jahren maß Francis Galton, der am University College London forschte und den Begriff Eugenik prägte, die Reaktionszeiten von über 3.000 seiner viktorianischen Zeitgenossen. Vergleicht man diese Werte mit heutigen Ergebnissen, stellt man fest, dass die durchschnittlichen Reaktionszeiten langsamer geworden sind, und zwar um 250 Millisekunden bei Männern und um 277 Millisekunden bei Frauen. Der Wissenschaftler, der diesen Vergleich anstellte, hat errechnet, dass dies einem Sinken des Intelligenzquotienten um 13,35 Punkte seit dem viktorianischen Zeitalter entspricht.

Andererseits deuten Intelligenztests auch darauf hin, dass wir klüger werden. Jeder Intelligenztest wird vor seinem Einsatz standardisiert, das heißt, er wird mit einer repräsentativen Stichprobe der Zielpopulation durchgeführt und dann so angepasst, dass der von den Angehörigen dieser Population erzielte Mittelwert bei 100 liegt. Professor James Flynn, Psychologe an der University of Otago, fand heraus, dass Menschen, die heute einen IQ-Test machen, der vor ein paar Jahren standardisiert wurde, im Schnitt einen höheren IQ als 100 haben. Das heißt, wenn eine »Durchschnittsperson« heute einen Test aus dem Jahr 1996 macht, erzielt sie einen leicht überdurchschnittlichen Wert. Der Effekt tritt populationsübergreifend auf und macht eine durchschnittliche Verbesserung um etwa drei Punkte pro Jahrzehnt aus.

Es wurden viele Erklärungen für diesen allgemeinen Anstieg des Intelligenzquotienten geliefert, unter anderem eine bessere Ernährung in der Kindheit. Flynn argumentiert jedoch, der »Flynn-Effekt« komme daher, dass die Menschen mehr an jene Art von Denken gewöhnt sind, die im Test gemessen wird. In seinem Buch *What Is Intelligence?* verweist er auf Interviews, die der sowjetische Psychologe Alexander Lurija Anfang des 20. Jahrhunderts in entlegenen Regionen Sibiriens durchgeführt hat. Lurija stellte den Menschen dort Fragen, wie sie in IQ-Test vorkommen, zum Beispiel: »In Gegenden, wo immer Schnee liegt, sind alle Bären weiß; in Nowaja Semlja liegt immer Schnee; welche Farbe haben dort die Bären?« Ähm – offensichtlich Weiß. Doch für die Angehörigen eines schriftlosen Jägervolks, die Lurija interviewte, war diese Antwort gar nicht so offensichtlich. Sie sagten zum Beispiel: »Ich habe bisher nur schwarze Bären gesehen, und über Dinge, die ich nicht gesehen habe, spreche ich nicht.« Selbst wenn er ihnen die richtige Antwort fast schon in den Mund legte, erwiderten seine Interviewpartner (in der Regel höhergestellte Männer des Dorfes und bestimmt keine Dummköpfe) stets Dinge wie: »So etwas lässt sich nicht mit Worten klären, sondern nur durch ein Zeugnis. Wenn ein weiser Mann aus Nowaja Semlja zu uns käme und bezeugte, dass Bären weiß sind, würden wir ihm vielleicht glauben.«

Ich kann nicht sagen, ob Lurija auf seiner Reise durch Sibirien auch Jukagiren interviewt hat, die Art der Antworten deutet jedoch darauf hin, dass die Befragten eine andere Vorstellung davon haben, was wichtig ist und wie die Welt funktioniert, als das, was in IQ-Tests vorausgesetzt wird. Lesen zu lernen (und eine Ausbildung zu erhalten) erweitert nicht nur unseren gedanklichen Horizont, sondern verändert unser Denken grundlegend, und zwar auf eine Art und Weise, die uns nicht unbedingt klar ist.

Also sind wir nun dümmer oder zahmer oder gar dümmer und zahmer? Wie stets beim Thema menschliche Intelligenz, insbesondere im Hinblick darauf, ob sie zu- oder abnimmt, ist das letzte Wort noch nicht gesprochen. Vergleicht man jedoch die Intelligenz von domestizierten Tieren mit ihren wild lebenden Artgenossen, stellt sich im Fall von Wölfen und Hunden heraus, dass die wilden Wölfe mit ihrem großen Gehirn ihre domestizierten Verwandten mit dem kleineren Gehirn nur beim Lösen bestimmter Probleme übertreffen. Wölfe sind ausgezeichnet darin, Wege aus Irrgärten zu finden und Essen aus Kisten herauszubekommen, während Hunde sie bei Aufgaben übertrumpfen, bei denen man soziale Signale verstehen muss. Vielleicht ist es bei uns und den Ziegen ähnlich gelaufen: Unsere Gehirne mögen geschrumpft sein, aber unsere Intelligenz hat nicht abgenommen, sondern nur ihren Fokus verschoben.

Ob Ziegen und Menschen nun beide domestiziert sind oder nicht, ihr Verhalten hat zwangsläufig ähnliche Wurzeln. Betrachten wir Tiere im Allgemeinen, ist es ziemlich schwer zu definieren, was uns eigentlich von ihnen unterscheidet. Es gibt eine lange und unrühmliche Geschichte von Personen, die behauptet haben, ein bestimmtes Merk-

Schimpanse, der mit einem Werkzeug nach Termiten angelt, auf liberianischer Briefmarke von 1906.

mal *X* unterscheide den Menschen vom Tier – der Gebrauch von Werkzeugen, Landwirtschaft, Kooperation in großem Maßstab, Lachen, Trauer – nur um dann durch ein Beispiel dafür, dass nichtmenschliche Tiere genau zu diesem *X* in der Lage waren, widerlegt zu werden. Ameisen melken Blattläuse, Bienen kooperieren, Ratten lachen, wenn man sie kitzelt, Elefanten trauern. Und was den Gebrauch von Werkzeugen betrifft – Anfang der 1960er-Jahre beobachtete die junge Jane Goodall als erste Forscherin, wie wild lebende Schimpansen Blätter von Stängeln streiften und mit den Stängeln nach Termiten angelten. Interessanterweise zeigt bereits die liberianische 5-Cent-Briefmarke aus dem Jahr 1906 das Bild eines Affen, der mit einem Zweig nach Termiten angelt, eine Erinnerung daran, dass es etwas geben kann, auch wenn es noch nicht von Forschern beobachtet wurde. Wir wissen nicht alles über unsere Welt, es gibt immer wieder neue Entdeckungen, die das, was wir zu wissen glauben, korrigieren. Seit den 1960er-Jahren ist wissenschaftlich belegt, dass Schimpansen in der Wildnis alle möglichen Werkzeuge benutzen und ihre Kenntnisse sogar an die jüngere Generation weitergeben, also Kultur vermitteln, doch vor Goodalls Entdeckungen betrachteten Anthropologen die Herstellung von Werkzeugen als Alleinstellungsmerkmal des Menschen. Goodalls Mentor Louis Leakey reagierte so auf ihren Bericht: »Jetzt müssen wir entweder das Werkzeug oder den Menschen neu definieren oder Schimpansen als Menschen akzeptieren.«

Anscheinend haben wir uns dafür entschieden, den Menschen neu zu definieren, denn trotz der Bemühungen der Tierrechtsorganisation Nonhuman Rights Project (NhRP) werden unsere nächsten lebenden

Verwandten juristisch noch immer nicht als Personen definiert. Das könnte sich ändern: Anwälte des NhRP haben im Namen der Schimpansen Hercules und Leo, die an der Stony Brooks University im US-Bundesstaat New York für Forschungszwecke gehalten werden, ein Habeas-Corpus-Verfahren angestrengt. Habeas Corpus, übersetzt »du mögest (vor Gericht) den Körper haben«, ist ein achthundert Jahre altes Rechtsinstrument. Es besagt, dass jemand, der einen anderen gefangen hält, diese Person vor Gericht bringen und einen Beweis für die Rechtmäßigkeit der Verhaftung liefern muss. Bei einer gerichtlichen Anhörung sollte die Universität Gründe für die weitere Festsetzung der Schimpansen vorlegen. Der Fall wurde von Richterin Barbara Jaffe in New York verhandelt, und bei der Anhörung wurden nicht nur wissenschaftliche Erkenntnisse herangezogen, sondern auch Präzedenzfälle aus der Zeit der Sklaverei und Fälle, in denen Psychiatriepatienten gegen ihren Willen festgehalten wurden.

Richterin Jaffe wies in ihrem Urteil viele der vom Anwalt der Universität vorgebrachten Argumente zurück, erklärte jedoch, sie sei »für den Augenblick« durch einen früheren Präzedenzfall gebunden, in dem entschieden worden war, dass ein Schimpanse juristisch keine Person sein kann, weil er unfähig ist, gesellschaftliche Pflichten und Verantwortung zu übernehmen. Das NhRP hielt in seiner Stellungnahme zum Urteil dagegen, dass »eine große Zahl von Menschen ebenfalls keine Pflichten und Verantwortung übernehmen können«. Außerdem habe Richterin Jaffe einen anderen Richter zitiert, der schrieb: »Die Zeiten können uns für bestimmte Wahrheiten blind machen, und spätere Generationen werden erkennen, dass Gesetze, die einmal als notwendig und angemessen erachtet wurden, tatsächlich nur der Unterdrückung dienen.« Das NhPR hat bereits Berufung eingelegt.

Nicht nur unseren nächsten lebenden Verwandten, den Menschenaffen, bescheinigt man inzwischen, dass sie Werkzeuge benutzen können. Es gibt den klugen Dingo mit der Trittleiter, und offenbar können es selbst Oktopusse mit Landratten aufnehmen. Sie wurden dabei beobachtet, wie sie über den Meeresboden glitten und dabei Stücke von Seetang nach oben hielten, um sich zu tarnen, oder wie sie in einem kugelförmigen Panzer aus zwei Kokosnusshälften dahinrollten. Dr. McElligott hatte Krähen als »gefiederte Affen« bezeichnet: Sie biegen Drahtstücke zu Haken, um kleine Leckerbissen zu angeln, die Wissenschaftler außerhalb ihrer Reichweite platziert haben. Er hatte keine Beispiele von Ziegen geliefert, die Werkzeuge herstellen und benutzen, aber von einem Experiment erzählt, bei dem Ziegen an einem Seil ziehen und dann einen Hebel drücken mussten, um an Futter in einer Kiste heranzukommen. Die meisten seiner Probanden bekamen es hin und erinnerten sich auch noch zehn Monate später daran, wie es geht.

Und dann wäre da noch die Sprache. Es stimmt zwar, dass andere Tiere zur Warnung und wenn sie wütend sind Laute ausstoßen, aber um dies als Sprache bezeichnen zu können, müssen komplexere Informationen übermittelt werden. Nun ja, grüne Meerkatzen haben immerhin unterschiedliche Warnrufe für unterschiedliche Fressfeinde. Beim Warnruf für eine Schlange klettern die Artgenossen auf die Bäume, beim Ruf für einen Adler verstecken sie sich auf dem Boden. Bienen sind bekannt dafür, Richtung, Entfernung und Qualität einer Futterquelle durch den Winkel, die Länge und die Intensität ihres Schwänzeltanzes zu kommunizieren. (Karl von Frisch gewann 1973 den Nobelpreis dafür, dass er die Sprache der Bienen entschlüsselte.) Und man hat herausgefunden, dass sich Präriehunde (die eigentlich keine Hunde sind, sondern kleine Nagetiere, die in Erdhöhlen in den Prärien Nordamerikas leben) einer besonders ausgefeilten Sprache bedienen. Sie benutzen nicht nur unterschiedliche Rufe für unterschiedliche Fressfeinde, sondern verändern diese Rufe auch noch, um Eigenschaften wie Größe, Geschwindigkeit und Farbe zu beschreiben. Das fand Professor Con Slobodchikoff durch ein Experiment heraus, bei dem er mithilfe eines Seilzugsystems große, farbige, abstrakte Elemente über einer Präriehundkolonie vorbeischweben ließ. Die Pfiffe der Präriehunde klangen unterschiedlich, je nachdem, was da über ihrem Zuhause vorüberzog. Sie sagten gewissermaßen: »Hier kommt wieder eines dieser großen blauen Dreiecke.« Brillant.

Und nun zu den Affen. Man hat in Gefangenschaft lebenden Tieren eine Zeichensprache beigebracht, zum Beispiel den Gorillas Koko und Michael sowie den Schimpansen Kanzi und Nim. Koko verfügt angeblich über ein Vokabular von tausend unterschiedlichen Zeichen, vom Grundwortschatz wie *Essen, Trinken, Nuss*, bis hin zu komplexeren Begriffen wie *Fälschung, höflich* und *lästig*. Was Koko und Michael gebärdet haben sollen, klingt wirklich außergewöhnlich. Auf eine Frage nach seiner Mutter gebärdete Michael: »Quetschen Fleisch Gorilla, Mund Zahn, Schrei scharfes-Geräusch laut, schlecht denken-Ärger schauen-Gesicht, Schnitt/Hals Lippe/Mädchen, Loch.« Es soll sich um die Geschichte seiner Mutter handeln, die von Wilderern getötet wurde. Ethologen, die das Ganze nüchterner sehen, halten jedoch dagegen, dass die Betreuer der Affen den komplexen Inhalt bloß hineininterpretiert hätten. Folgender Dialog aus einem »Livechat« im Internet zwischen Koko und ihrer Betreuerin Dr. Patterson ist typisch:

Frage: »Wie heißen deine Kätzchen?«
Koko: »Fuß.«
Dr. Patterson: »Dein Kätzchen heißt Fuß!«
Frage: »Koko, wie heißt deine Katze?«
Koko: »Nein.«
Frage: »Unterhältst du dich gern mit anderen Leuten?«
Koko: »Schöne Nippel.«
Dr. Patterson: »Nipple reimt sich auf ›people‹ (Leute). Sie gebärdet nicht ›people‹, sondern ein ähnlich klingendes …«

Obwohl unsere tierischen Verwandten gewisse sprachliche Fähigkeiten besitzen, spielen wir in dieser Hinsicht doch in einer ganz anderen Liga – wir können uns gegenseitig Dinge erzählen, Ideen miteinander verknüpfen und etwas Neues daraus schaffen, uns Geschichten über die Vergangenheit, Gegenwart und Zukunft ausdenken. Während ich dies hier schreibe, kann man in einem Liveblog der europäischen Raumfahrtbehörde ESA weltweit verfolgen, wie der Landeroboter Philae, der zehn Jahre lang mit der Raumsonde Rosetta (benannt nach dem mit einer dreisprachigen Inschrift versehenen Rosetta-Stein, der die Entzifferung altägyptischer Hieroglyphen ermöglichte) durch unser Sonnensystem gereist ist, versucht, auf dem Kometen 67P/Tschurjumow-Gerassimenko zu landen, um herauszufinden, ob Kometen die Aminosäurenmoleküle mitbrachten, aus denen vor 3,8 Milliarden Jahren das Leben auf der Erde entstand. Mit diesem Satz dürfte die Fähigkeit des Menschen, komplexe Ideen zu entwickeln und zu kommunizieren, hinreichend bewiesen sein. Gut gemacht, Mensch![6] Worin unterscheidet sich also mein Geist von dem einer Ziege? Warum können Ziegen nicht überlegen, Kriege zu führen oder ins Weltall zu fliegen? Was ist dieses Merkmal *X*, das uns von anderen Tieren trennt? Thomas Suddendorf nennt in seinem brillanten Buch *Der Unterschied* (2014) das »Entwerfen verschachtelter Szenarien« und unser »Bedürfnis nach Verbindung«. (Gut, das sind zwei *X*.) Mit anderen Worten, unsere Fähigkeit, uns komplexe Dinge vorzustellen, und unsere Neigung, darüber zu reden.

Zur Veranschaulichung: Stellen Sie sich einen geistigen Wettstreit vor, in dem mein Gegner einen von zwei Weinkelchen vergiftet hat, und ich muss nun entscheiden, aus welchem ich trinken will. Ich könnte das Vorgehen meines Gegners so einschätzen: »Nun, ein cleverer Mann würde das Gift in seinen eigenen Kelch tun, in der Hoffnung, dass nur ein großer Narr das nimmt, was man ihm reicht. Ich bin kein großer Narr, also kann ich natürlich nicht den Wein nehmen, der vor

6 **Der hundertste Jahrestag des Beginns des Ersten Weltkriegs, der zum Zeitpunkt, da ich dieses hier schreibe, begangen wurde, ist ein weniger erbauliches Beispiel für unsere Fähigkeit, in Symbolen (wie dem Nationalstaat) zu denken und uns gegenseitig dazu zu bringen, uns von ihnen leiten zu lassen (und für sie zu sterben).**

Euch steht. Aber Ihr müsstet wissen, dass ich kein großer Narr bin. Damit habt Ihr gerechnet. Also kann ich natürlich nicht den Wein nehmen, der vor mir steht.«

Alles klar? Dieser Ausschnitt aus dem Film *Die Braut des Prinzen* zeigt, dass wir in der Lage sind, im Kopf eine Situation durchzuspielen, uns vorzustellen, wie unser Handeln die Situation verändern würde und was andere Beteiligte glauben, dass wir denken, dass wir darüber reflektieren, Schlüsse ziehen und uns dann vorstellen können, was wir anders machen würden, wenn dieses oder jenes eintreten sollte und so fort (die Szene geht mit einer langatmigen Argumentationskette weiter und endet schließlich mit einer tödlichen Vergiftung). Professor Suddendorf erklärt: »Eine gewisse Fähigkeit, Situationen zu simulieren, ist auch bei Tieren vorhanden … Doch im Gegensatz zu Großen Menschenaffen nimmt das Vermögen, mentale Szenarien zu entwerfen, beim Menschen ab dem Alter von zwei Jahren explosionsartig zu.«

Dieses Vermögen, Situationen zu simulieren, hängt stark mit unserer Fähigkeit zur »mentalen Zeitreise« zusammen. Das bedeutet, dass wir in der Lage sind, in die Vergangenheit einzutauchen und abzurufen, was passiert ist, und analog dazu auch in die Zukunft zu reisen und uns vorzustellen, was passieren könnte. Alle Tiere können in gewisser Weise aus der Vergangenheit lernen. Meine Katze hat gelernt, dass sie, wenn sie morgens einen Piepston hört, nur einem großen Berg beharrlich ins Gesicht miauen muss, damit dieser Berg aufsteht und sie füttert. Nach Ansicht der Ethologen erinnert sich meine Katze Janet allerdings nicht speziell an gestern Morgen oder letzte Woche oder wann auch immer und richtet ihr Verhalten danach aus, und sie kann sich auch nicht vornehmen, morgen noch nachdrücklicher zu miauen, weil der große Berg ihr dann vielleicht noch schneller Frühstück gibt. Katzen oder Ziegen erinnern sich nicht an ein bestimmtes Ereignis und überlegen dann, was sie anders hätten machen können. Im Fall der Schimpansen allerdings ist die Sache noch nicht entschieden.

Als ich mit Dr. Juliane Kaminski (sie erforscht wie Dr. McElligott das Verhalten von Tieren) über Ziegen sprach, formulierte sie es so: »Wir wissen es nicht, aber wir nehmen an, dass sie in der Zeit feststecken und weder über die Vergangenheit noch über die Zukunft nachdenken können, weil sie vermutlich kein episodisches Gedächtnis besitzen. Daher treffen sie ihre Entscheidungen wahrscheinlich immer wieder aus dem Augenblick heraus.«

Damit kommen wir für mich zum Kern der Sache.

Unsere Fähigkeit zur mentalen Zeitreise macht uns Menschen zu so guten Planern und Strategen, aber sie bewirkt auch, dass wir uns Sorgen machen und Dinge bedauern. Ziegen fühlen sich wegen ihrer Gegenwart ängstlich oder gestresst, aber sie können sich nicht darüber aufregen, was passieren könnte oder hätte sein können. Und obwohl ich meistens von Moment zu Moment lebe, beschäftige ich mich im Geist doch auch mit der Vergangenheit und der Zukunft – und manchmal male ich mir eine alternative Gegenwart aus nach dem Motto »Könnte ich doch nur …«. Um mir also einmal eine Auszeit zu nehmen von den menschlichen Sorgen über den Job und das Bankkonto und darüber, ob ich Gutes oder Schlechtes getan habe, muss ich nur der Tyrannei der mentalen Zeitreise entfliehen. Wenn man sich keine Zukunftsszenarien ausmalen kann, kann man sich auch keine Sorgen darüber machen, und wenn man sich nicht an Ereignisse aus der Vergangenheit erinnert, kann man sie auch nicht bereuen! Ich muss nichts anderes tun, als mein Zeitgefühl auszuschalten.

Brillant! Und total erschreckend. Es gibt Patienten, die durch Krankheit oder Unfall Läsionen am medialen Temporallappen erleiden. Das ist dem Musiker Clive Wearing im Alter von sechsundvierzig Jahren passiert. Herpesviren schlummern im Körper der meisten Menschen; werden sie aktiv, wandern sie normalerweise über Nervenbahnen zum Gesicht und manifestieren sich als dickes Fieberbläschen auf der Lippe. In seltenen Fällen können sie jedoch auch zum Gehirn wandern und Enzephalitis hervorrufen. Dabei entzündet sich das

Gehirn und schwillt innerhalb des Schädelknochens an. Das ist bei Wearing 1985 passiert. Er dachte (wie sein Arzt), er hätte die Grippe, und legte sich ins Bett. Als der Arzt erkannte, was ihm wirklich fehlte, hatte die Infektion schon Teile des Temporallappens geschädigt und den Hippocampus zerstört. Eine Folge der Hirnentzündung ist, dass Wearing permanent im gegenwärtigen Moment feststeckt und keine neuen Erinnerungen abspeichern kann. Er erinnert sich an einige Dinge aus der Zeit vor seiner Erkrankung, aber sein Kurzzeitgedächtnis hat nur eine Spanne von etwa dreißig Sekunden. Wenn er seiner Frau also eine Frage stellt, vergisst er die Antwort sofort wieder, was dazu führt, dass Gespräche sich endlos im Kreis drehen. Fragt man ihn, wie es ihm geht, berichtet er, dass er gerade erst das Bewusstsein zurückerlangt habe. In seinen Tagebüchern, die über Jahre gehen, stehen seitenweise, immer wieder durchgestrichen und neu geschrieben, Sätze wie: »JETZT, *gerade,* endlich ganz aufgewacht.« Wenn man ihn an ein Klavier setzt, kann er noch spielen und Noten lesen, hangelt sich an den Noten entlang zum Ende des Stücks. Gleich darauf sagt er, er habe dieses Klavier noch nie gesehen.[7]

Und dann gibt es natürlich noch die Geißel der Alzheimerkrankheit, die sich oft zuerst durch ihre Auswirkungen auf das Gedächtnis bemerkbar macht. Neben dem Bedauern und den Sorgen verlieren wir fast alles andere, wenn wir unsere Fähigkeit verlieren, in der Zeit vor und zurück zu wandern.

Wie mag es wohl sein, nur noch von Moment zu Moment zu leben? Oder den Gebrauch der Sprache zu verlieren? Psychologen machen sich die tragischen Folgen von Hirnläsionen bei Menschen wie Wea-

7 Inzwischen lebt Wearing in einem Pflegeheim. Angeblich hat er auf instinktive Art Frieden mit seinem Zustand geschlossen.

ring zunutze, um herauszufinden, welche Hirnareale bei den verschiedenen Aspekten unseres Selbst beteiligt sind. Eine andere Methode, um die Vorgänge im Gehirn nachzuvollziehen, ist die Erzeugung vorübergehender »virtueller Läsionen« mithilfe der sogenannten transkraniellen Magnetstimulation (kurz TMS). Als ich davon las, überlegte ich: Wenn ich virtuelle Läsionen in jenen Teilen meines Gehirns hervorrufen könnte, in denen ich mich von der Ziege unterscheide, also den Bereichen, die für das Simulieren von Situationen und die Sprachproduktion zuständig sind, könnte ich dann tatsächlich nachempfinden, wie es ist, eine Ziege zu sein? Eine aufregende Aussicht.

Ich setze mich per Mail mit Dr. Joe Devlin in Verbindung, Studienleiter bei der Neuroscience of Language Group am University College London, der mit TMS arbeitet. Er antwortet mir, er habe ehrlich gesagt noch nie darüber nachgedacht, TMS dafür einzusetzen, dass sich jemand mehr wie eine Ziege fühlt. Er warnt mich, nicht zu viel zu erwarten, ist jedoch bereit, eine transkranielle Magnetstimulation an mir durchzuführen, damit ich selbst einmal spüren kann, wie es ist.

Meine Freundin und ich fahren zum University College London, wo wir Dr. Devlin im Flur treffen. Er opfert seine Mittagspause dafür, mich von der Vorstellung abzubringen, ich könne mithilfe von TMS die Welt wie eine Ziege erleben. Meine Freundin ist mitgekommen, falls ich Hilfe beim »nach Hause Trotten« brauche. Er führt uns in das Labor, einen fensterlosen Raum mit den typischen wissenschaftlichen Postern an den Wänden. Als ich meine Enttäuschung darüber bekunde, dass es überhaupt nicht so aussieht wie die Science-Fiction-Apparaturen zur Gehirnmanipulation in *Total Recall*, ohne blinkende farbige Lichter und so, holt Dr. Devlin eine MRT-Aufnahme seines Gehirns auf einen Monitor, stellt eine 3-D-Infrarotkamera auf und befestigt ein kleines Stativ an seinem Kopf, um das Ganze ein bisschen in Szene zu setzen. Mithilfe des Stativs ermittelt die 3-D-Kamera, wo sein Kopf und somit sein Gehirn im Raum positioniert und ausgerichtet ist. Er gibt mir einen speziellen Pointer, und als ich diesen über seinen Kopf bewege, ändert sich die Ansicht seines Gehirns auf dem Monitor. Während ich den Pointer von seinem Scheitel zu seinem Gesicht führe, wobei er versehentlich in seinem Ohr landet, sehe ich die entsprechenden horizontalen und vertikalen Schnitte durch seinen Schädel, sein Gehirn, seine Augen und so weiter. Es macht richtig Spaß und fühlt sich ziemlich Science-Fiction-mäßig an.

Dr. Devlin würde es wohl eher »Science-mäßig« nennen.

Mithilfe dieses Systems können Neurowissenschaftler sicherstellen, dass der richtige Bereich des Kortex angekurbelt (meine Formulierung) beziehungsweise stimuliert (Dr. Devlins Formulierung) wird, wenn sie den Elektromagneten des TMS-Geräts über einen Kopf führen. Wie jeder weiß, werden in jedem Augenblick Millionen winziger elektrischer Impulse im Gehirn und über die Nerven des Körpers weitergeleitet, und dadurch entstehen nicht nur die Gedanken und Handlungen eines Menschen, sondern gewissermaßen auch das Gefühl dafür, wie es ist, wenn man diese Gedanken denkt und diese Handlungen ausführt.

Und wie ebenfalls jeder weiß, gibt es eine Wechselwirkung zwischen einem Magnetfeld und elektrischem Strom. Wenn man also ein ausreichend starkes Magnetfeld auf den Kopf richtet, kann man dadurch einen elektrischen Impuls in einem Neuronenfeld induzieren und so die Aktivität in einem Hirnareal beeinflussen. TMS ist nichts anderes als eine Methode, um mithilfe eines starken Magneten ein Hirnareal zu stimulieren oder zu hemmen. Das blaue Kabel zwischen dem TMS-Gerät und der elektromagnetischen Spule ist ziemlich dick, denn um ein Magnetfeld zu erzeugen, das durch den Schädel geht, braucht man etwa 8.000 Ampere. Ich scherze, dass gleich das Licht zu flackern anfangen wird, und Dr. Devlin erwidert, das sei auch der Fall gewesen, bis das Gerät an einen anderen Stromkreis angeschlossen wurde. Das Magnetfeld dringt durch den Schädel hindurch etwa vier Zentimeter in das Gehirn ein. Wie Dr. Devlin erläutert, darf es nicht zu tief gehen, weil viele Strukturen im Innern des Gehirns lebenswichtige

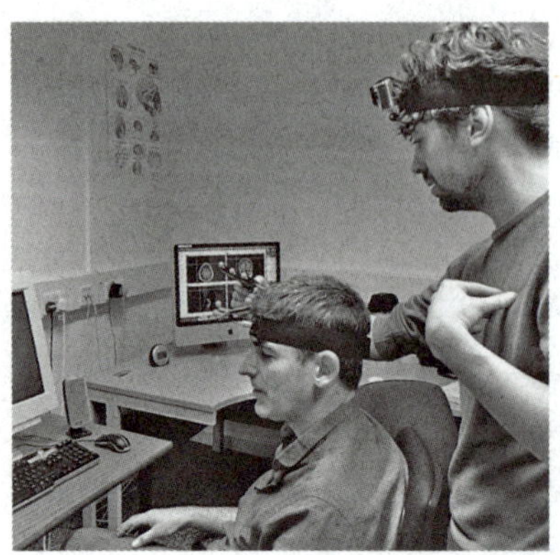

Auf der Suche nach Dr. Devlins präfrontalem Kortex.

Funktionen steuern, wie etwa die Herztätigkeit, die Atmung, den Sauerstoffgehalt des Blutes … kurzum: die Vitalfunktionen.

»Die will man nun wirklich nicht durcheinanderbringen«, meint er.

Ich stimme ihm von ganzem Herzen zu.

»Aber die äußeren Schichten des Gehirns können wir ruhig ein bisschen stören, den Neokortex und so weiter, denn dieser Bereich ist nur für das Denken und Planen und die Sprache und solche Sachen zuständig … also nichts Wichtiges.«

Er versucht mithilfe von TMS herauszufinden, welche Funktionen bestimmte Bereiche des Gehirns haben und mit welchen Arealen diese vernetzt sind. Zum Beispiel lässt er Probanden eine Aufgabe ausführen, die sie dann noch einmal wiederholen müssen, während er eine Hirnregion stimuliert.

Führen die Probanden die Aufgabe während der Stimulation schlechter aus, ist das eine Bestätigung dafür, dass die betreffende Region tatsächlich beteiligt ist. Da Dr. Devlin sich insbesondere für Sprache interessiert, haben die von ihm gestellten Aufgaben mit Sprechen und Lesen zu tun – beides muss ich aufgeben, wenn ich die Welt als Ziege erfahren möchte.

Mit meinem Plan, einfach das Sprachzentrum, das Planungszentrum und das Zentrum für das episodische Gedächtnis in meinem Gehirn abzuschalten, liege ich allerdings total daneben.

Zum einen meint Dr. Devlin, dass das Lahmlegen einer Hirnregion mit der heutigen Technologie einer Zerstörung gleichkäme – das Ergebnis wäre eine Hirnläsion wie bei einer Lobotomie. Die virtuellen Läsionen durch TMS haben eine sehr viel subtilere Wirkung. Sie unterdrücken die Aktivitäten in einem bestimmten Bereich nur zum Teil, sodass ich nicht eine ganze Hirnregion oder Hirnfunktion einbüßen würde. Die Wirkung mag nur subtil sein, hat aber den Vorteil, dass sie anders als bei einer Lobotomie nur vorübergehend ist.

Ich erzähle ihm von meiner Idee, dass Ziegen vielleicht in der Zeit feststecken, dass sie vermutlich nicht dazu in der Lage sind, sich an ein bestimmtes Ereignis in ihrem Leben bewusst zu erinnern oder sich die Zukunft vorzustellen, während Menschen unentwegt nach vorne und zurück schauen: Warum habe ich das nicht gesagt? Was mache ich heute zum Abendessen?

»Das interessiert mich deswegen, weil ich darüber nachdenke, warum Menschen bereuen und hoffen.«

Worauf er antwortet: »Das könnte mit Sprache zu tun haben. Die Tatsache, dass wir über sprachliche Strukturen verfügen, die es uns ermöglichen, über vergangene Ereignisse zu sprechen und sie zu einem Gegenstand zu machen, einem geistigen Gegenstand, an dem man arbeiten kann, verstärkt wahrscheinlich viele Erinnerungen. Es heißt oft, wir sind das, was wir über uns erzählen. Wenn wir jemanden länger kennen, beginnen sich seine Geschichten zu wiederholen, oder wenn wir eine Familienfeier besuchen, schildert jeder ein bestimmtes Ereignis ein bisschen anders. Das Bemerkenswerte daran ist, dass man die Geschichten wahrscheinlich exakt so im Gedächtnis hat, wie man sie erzählt, und nicht so, wie sie tatsächlich passiert sind. Auf diese Weise entstehen auch falsche Erinnerungen. An manche Familienereignisse kann sich jeder erinnern, egal ob er dabei war oder nicht.«

»Das passiert mir oft«, bestätigt meine Freundin. »Man wirft mir vor, dass ich mich an Dinge erinnere, die vor meiner Geburt passiert sind.«

»Genau. Und solche Geschichten werden zu unseren Erinnerungen. Ich kann mir vorstellen, dass ich mir als Ziege keine Geschichten erzählen würde. Es gäbe Dinge, die passiert sind, aber ich würde sie nur vage im Gedächtnis behalten.«

Wenn der Professor mein Sprachzentrum abschalten könnte – nicht nur mein Sprachvermögen, sondern sozusagen auch mein inneres Sprechen, den Nebel aus Wörtern und Bildern, mit dessen Hilfe ich eine erinnerte oder vorgestellte Situation im Kopf darstelle und manipuliere –, dann wäre ich meinem Ziel, eine Ziege zu sein, schon einen Schritt näher.

»Joe, könnten Sie mein Sprachzentrum abschalten, sodass ich meine Fähigkeit, Sprache zu benutzen, verliere?«

»Nein.«

Mist! Warum nur ist alles so verdammt kompliziert?! (Das war inneres Sprechen.)

»Im Gehirn gibt es kein Sprachzentrum«, fährt er fort. »Etwa zwei Drittel des Gehirns, vielleicht auch mehr, tragen zu unserem Sprachvermögen bei. Das Broca-Areal ist unter anderem daran beteiligt, dass wir Wörter bilden können. Wenn man es stimuliert, hört die Versuchsperson auf zu sprechen.«

Vielleicht wäre das ja zumindest ein kleiner Schritt in Richtung Ziegenbewusstsein.

»Können wir versuchen, mein Broca-Areal zu stimulieren? Geht das?«

»Theoretisch ja. Wir müssten alle möglichen Sicherheitsvorkehrungen treffen, damit das Risiko vertretbar bleibt. Eine Sprechhemmung auszulösen ist allerdings extrem schwer. Ich kann Ihnen ein Gefühl davon vermitteln, aber die Wahrscheinlichkeit, dass es uns in einem angemessenen Zeitraum gelingt, ist gering.«

Dr. Devlin ist sich nicht ganz sicher, ob er das Broca-Areal ohne eine MRT-Aufnahme meines Gehirns überhaupt ansteuern kann. Und ein MRT ist ziemlich teuer und daher so gut wie ausgeschlossen.

»Wenn es uns doch gelingt, gibt es zwei Möglichkeiten. Zum einen kann der motorische Bereich betroffen sein, und das klingt dann, als hätte die Person einen Schlaganfall. Ein Anblick, der nicht leicht zu verkraften ist.«

Er beeilt sich, den Anwesenden zu versichern: »Es fühlt sich überhaupt nicht so an – es ist, als würde man versuchen zu sprechen, aber es kommt nicht richtig heraus, als würde einen etwas daran hindern. Das andere Phänomen ist, dass einem etwas auf der Zunge liegt, Sie kennen das bestimmt, wenn man weiß, dass ein Wort mit einem *P* beginnt, es einem aber partout nicht einfallen will.«

Ähm, das passiert auch so ziemlich häufig. Er reicht mir einen Fragebogen. Darin werden Erkrankungen abgefragt, die ich nicht haben sollte und die auch in meiner Familie nicht auftreten sollten, und es sind Dinge aufgelistet, die ich in den letzten vierundzwanzig Stunden nicht gemacht haben sollte, zum Beispiel drei oder mehr Gläser Alkohol trinken.

Während ich überlege, was ich ankreuzen soll, erläutert Dr. Devlin das Verfahren.

»Es besteht das minimale Risiko, dass TMS einen Krampfanfall auslöst. Das ist das Schlimmste, was passieren kann. Aus medizinischer Sicht sind Krampfanfälle kein großes Problem, aber für normale Leute, besonders wenn sie noch nie einen Krampfanfall hatten, ist das schon sehr beängstigend.«

Meine Freundin hört aufmerksam zu. Und bestimmt fragt sie sich, was ihr Freund sich alles wegen seiner bescheuerten Ziegenobsession antut.

»Und es gibt ein paar Faktoren, die das Risiko eines Krampfanfalls zeitweilig erhöhen, zum Beispiel wenn Sie in den letzten vierundzwanzig Stunden eine große Menge Alkohol oder in der letzten Stunde viel Koffein zu sich genommen haben.«

Wie viele Biere hatte ich denn gestern Abend, eins oder vielleicht doch drei? Und gerade habe ich einen Kaffee getrunken. Ach was, das Schlimmste, was laut Dr. Devlin passieren kann, ist ein Krampfanfall! Ich kreuze also überall Nein an und gebe dem Professor den Fragebogen zurück, der mir die Einwilligungserklärung zum Unterschreiben reicht.

Das TMS-Gerät wird mit einem Pedal gesteuert, und als Dr. Devlin auf das Pedal tritt, geht von der Magnetspule ein klickendes Geräusch aus, so ähnlich wie das Knistern eines überspringenden Funken.

»Das Magnetfeld beeinflusst Nerven- *und* Muskelgewebe. Wenn ich es also mal eben an meinen Arm halte …«, er legt die Magnetspule an seinen Unterarm, sie klickt, und seine Hand verkrampft sich kurz. »Möchten Sie es ausprobieren?«

Ich strecke den Arm aus. Als er das Magnetfeld anlegt, ziehen sich meine Fingermuskeln von selbst zusammen. Ich habe schon den einen oder anderen Stromschlag bekommen, und die Wirkung ist ganz ähnlich, ein unfreiwilliges Zucken, wenn auch nicht ganz so heftig. Er hält die Spule an die Seite meines Kopfes.

»Bereit?«

»Mm-hmmm.«

Klick.

Meine eine Gesichtsseite zuckt wie bei einem nervösen Tick, und seltsamerweise habe ich ein unangenehmes Gefühl in den Zähnen.

»Tja, dort liegt auch unser fünfter Kranialnerv, deshalb hat man manchmal einen metallischen Geschmack im Mund. Das war jetzt nur ein einziger Impuls. Um eine Sprechhemmung auszulösen, geben wir normalerweise zehn Impulse pro Sekunde ab, zwei bis drei Sekunden lang. Möchten Sie es versuchen?«

Er dreht den Regler an dem TMS-Gerät auf *maximale Leistung*, und der Raum beginnt zu beben (nicht wirklich). Als er das Pedal herunterdrückt, macht die Spule tick tick tick tick tick tick tick tick tick tick tick tick tick tick tick tick.

»Soll ich sie erst einmal an Ihrem Arm anlegen?»

»Ja, bitte.«

Wieder hält er die Spule an meinen Unterarm, und sie macht tick tick tick tick tick tick tick tick tick tick tick tick tick tick tick. Meine Hand krampft. Es sieht ein bisschen aus, als würde ich mit der rechten Hand Klavier spielen, die Finger bewegen sich synchron zum Kli-

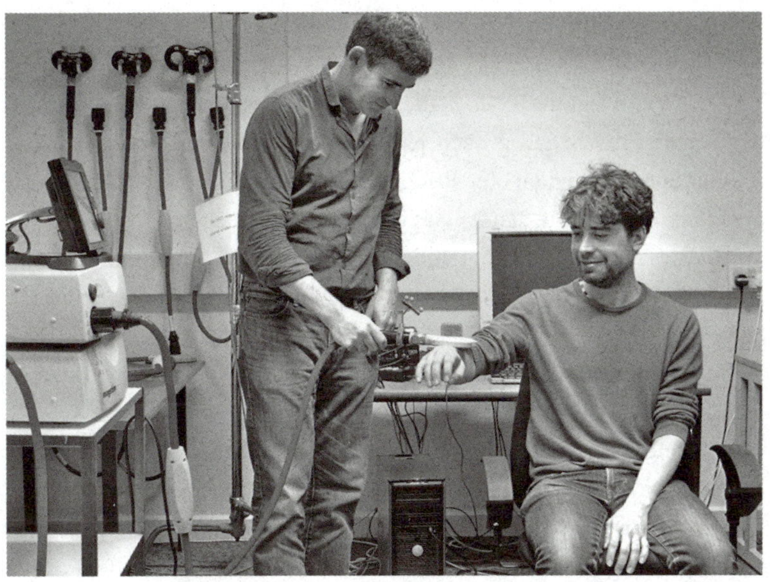

Hier werden die Nerven in meinem Arm stimuliert.

cken des TMS-Geräts auf und ab. Wenn ich auf dem Klavier eine Note achtmal pro Sekunde spielen könnte, könnte ich mit den schnellsten Pianisten der Welt mithalten.

»Abgefahren, oder? Ihr Muskel würde irgendwann ermüden, aber bei den Hirnzellen geschieht das nicht.«

Dann legt er die Magnetspule an die Seite meines Kopfes.Tick tick tick tick tick tick tick tick tick tick tick tick tick tick. Mein Mund zuckt synchron zu dem Klicken, und meine Augenmuskeln sind irgendwie zittrig, und ich habe diese komischen Schmerzen in den Zähnen.

»Wie fühlt es sich an? Unangenehm?«

»Ja, ein bisschen. Das ging wieder in meine Zähne.«

»Aha. Also, bei der Sprechhemmung ist es wichtig, dass Sie etwas sagen, was Sie in- und auswendig kennen, denn wenn Sie einfach nur plaudern, legen sie automatisch Redepausen ein, und dann wissen wir nicht, ob es funktioniert hat.«

»Kann ich ein Märchen erzählen?«

»Klar.«

Dr. Devlin legt die TMS-Spule an meinen Kopf, an eine Stelle, unter der seiner Einschätzung nach jene Million Neuronen liegen, die bei meiner Sprechfähigkeit eine Rolle spielen. Ich beginne, ein Märchen zu erzählen, das mir für den Anlass ganz passend erscheint.

»›Wer trippelt und trappelt da über meine …‹« – tick tick tick tick tick tick tick tick tick tick tick tick tick tick tick – »›… Brücke?‹, sagte der Troll.«

»Sie haben aufgehört zu reden. Warum?«

»Ich weiß es nicht.«

Vielleicht war es nur meine normale abgehackte Sprechweise, allerdings kann es auch sein, dass die Sprachverarbeitung in meinem Gehirn gestört wurde. Vom Körperlichen her hat sich meine Gesichtsseite verkrampft, und ich hatte einen metallischen Geschmack im Mund, aber ich bin mir nicht sicher, was mental abgelaufen ist. Ich habe beim Erzählen einer Geschichte, die ich gut kenne, mitten im Satz aufgehört zu sprechen.

»Können wir es noch einmal machen, während ich zähle?«

Ein neuer Versuch. Dr. Devlin bezweifelt zwar, dass er diesmal die Stelle richtig getroffen hat, aber als ich mir die Videoaufnahme später ansehe, stelle ich fest, dass ich beim Aufsagen der Zahlen in ein leichtes Stammeln gerate. Kann sein, dass ich einfach so undeutlich artikuliere, oder vielleicht wurde mein Broca-Areal gestört. Dr. Devlin erzählt mir von seinem letzten Versuch, ohne MRT-Aufnahme eine Sprechhemmung auszulösen: Er bemühte sich fünfundvierzig Minuten lang, und am Ende war die Versuchsperson total frustriert. Das kann ich nachfühlen. Bereits nach wenigen TMS-Magnetstößen will ich nur noch aus dem fensterlosen, neonbeleuchteten Labor fliehen.

Obwohl ich versprochen habe, es nicht zu tun, weil Dr. Devlin nach eigenem Bekunden die Erforschung des Bewusstseins meidet wie die Pest, frage ich ihn dann doch noch, ob er es für möglich hält, dass man

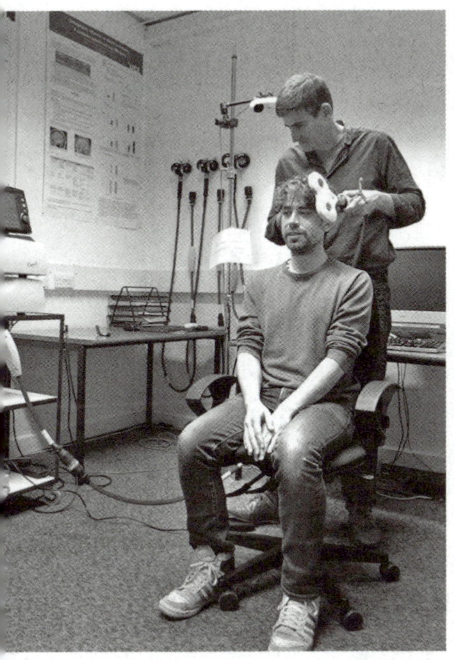

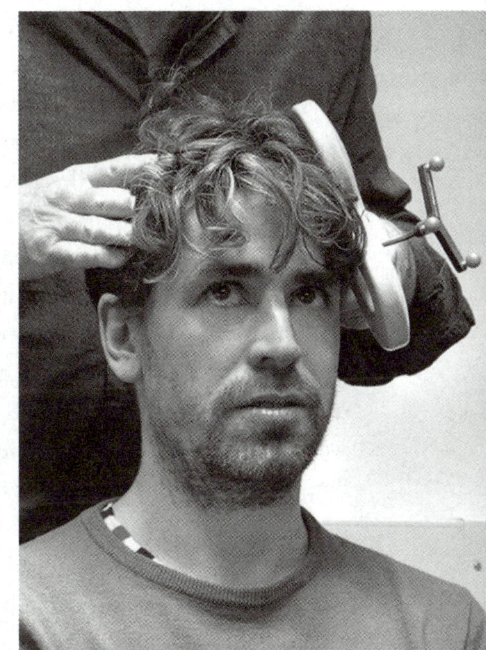

»Wer trippelt und trappelt da über meine …«

durch die Beeinflussung des Gehirns näher an die Erfahrung herankommen kann, ein Tier zu sein.

»Schwer zu sagen. Theoretisch sollte es eigentlich möglich sein, oder? Wir haben dasselbe Gewebe mit denselben Funktionen; biologisch sind wir anderen Tieren recht ähnlich. Bei Säugetieren wie der Ziege erscheint es uns plausibler als bei, sagen wir mal, Reptilien, die sich vom Gewebe und von der Entwicklungsgeschichte her stärker von uns unterscheiden. Das Problem ist nur – wenn wir nicht wissen, wie es ist, eine Ziege oder etwas anderes zu sein, woran sollen wir dann erkennen, ob wir erfolgreich waren?«

Guter Punkt. Auch der Philosoph Thomas Nagel folgt in seinem Aufsatz »Wie ist es, eine Fledermaus zu sein?« dieser Argumentation. Wir wissen, dass es sich irgendwie anfühlen muss, eine Fledermaus (oder eine Ziege) zu sein, aber wie genau? Nagel behauptet, dies zu erfahren sei nach den Gesetzen der Logik unmöglich. Du kannst mich mal, Nagel! Ich werde es trotzdem versuchen.

Dr. Devlin fährt fort: »Wenn man jedoch Teile des Gehirns deaktivieren könnte, würde vielleicht eine ziemlich grobe Annäherung gelingen. Zum Beispiel, wenn es möglich wäre, bei einem Menschen die Sprache abzustellen. Im Moment geht das noch nicht, aber angenommen, es ginge. Wenn sich die Sprache ab- und wieder einschalten ließe, wäre man schon ein Stück weiter. Denn dann könnte man den Probanden fragen: ›Wie war es?‹ Und man könnte verschiedene Tests mit ihm durchführen, die er sich ohne Sprache schwerlich merken würde, und wenn man die Sprache dann wieder einschaltet, könnte man überprüfen, ob der Proband die Tests verstanden hat oder nicht. Aber jetzt geht das noch nicht.«

»Ich soll also in fünfzig Jahren wiederkommen, dann haben Sie vielleicht etwas, was mir dabei hilft zu erfahren, wie es als Ziege ist?«

Das ist eine Suggestivfrage. Man stellt sie, wenn man es mit jemandem zu tun hat, der es sein gesamtes Berufsleben sorgsam vermieden hat, wilde Spekulationen anzustellen, und man möchte, dass er genau das tut.

»Ich gehe davon aus, dass es wahrscheinlich so ist. Aber ob fünfzig Jahre reichen? Es gibt eine neue Technologie namens Optogenetik. Damit schleust man ein bestimmtes Gen in eine Zelle ein, und über dieses Gen kann man die Zelle mittels externer Lichtquellen aus- und einknipsen. Natürlich wäre ›extern‹ derzeit noch ein Problem, und wir führen keine Genmanipulation am Menschen durch. Aber es ist *vorstellbar*, dass man irgendwann die richtigen Wellenlängen hat, damit man sich nicht mehr darum kümmern muss, dass da ein Schädel im Weg ist. Dann wäre man schon weiter. Allerdings weiß ich nicht, wie man aus zehn Milliarden Zellen die richtigen auswählen soll.«

Das ist es, was ich brauche: Lösungen! Ich muss mich nur genetisch manipulieren lassen, damit man meine Hirnzellen ausknipsen kann, vermutlich indem man mit einem Mikrowellenlaser auf meinen Kopf zielt. Aber ach, da hätte die leidige Ethikkommission bestimmt etwas dagegen.

»Es gibt viele kluge Leute, die versuchen, diese Probleme zu lösen – also, nicht alle beschäftigen sich mit dem Ziegenbewusstsein –, und auch wenn ich keine Vorstellung davon habe, wie die Lösung aussehen wird, denke ich doch, es geht in die richtige Richtung. Legen Sie das Projekt einfach fünfzig Jahre auf Eis.«

Fünfzig Jahre. Bis dahin wäre ich eine alte Ziege. Wenn es im Moment nicht möglich ist, meine Wahrnehmung physisch zu verändern (*ohne* die Einnahme psychedelischer Substanzen), kann ich zumindest mein Umfeld und meine Art, mich zu bewegen, verändern, wie die schamanischen Jäger der Jukagiren. Ich muss diese streunenden Hände mit ihren flinken Fingern loswerden, die ständig so unziegenhafte Dinge tun wie Stifte halten und Türgriffe drücken. Ich muss meine Hände loswerden … und sie durch Hufe ersetzen, damit ich dahingaloppieren und meine menschlichen Sorgen hinter mir lassen kann.

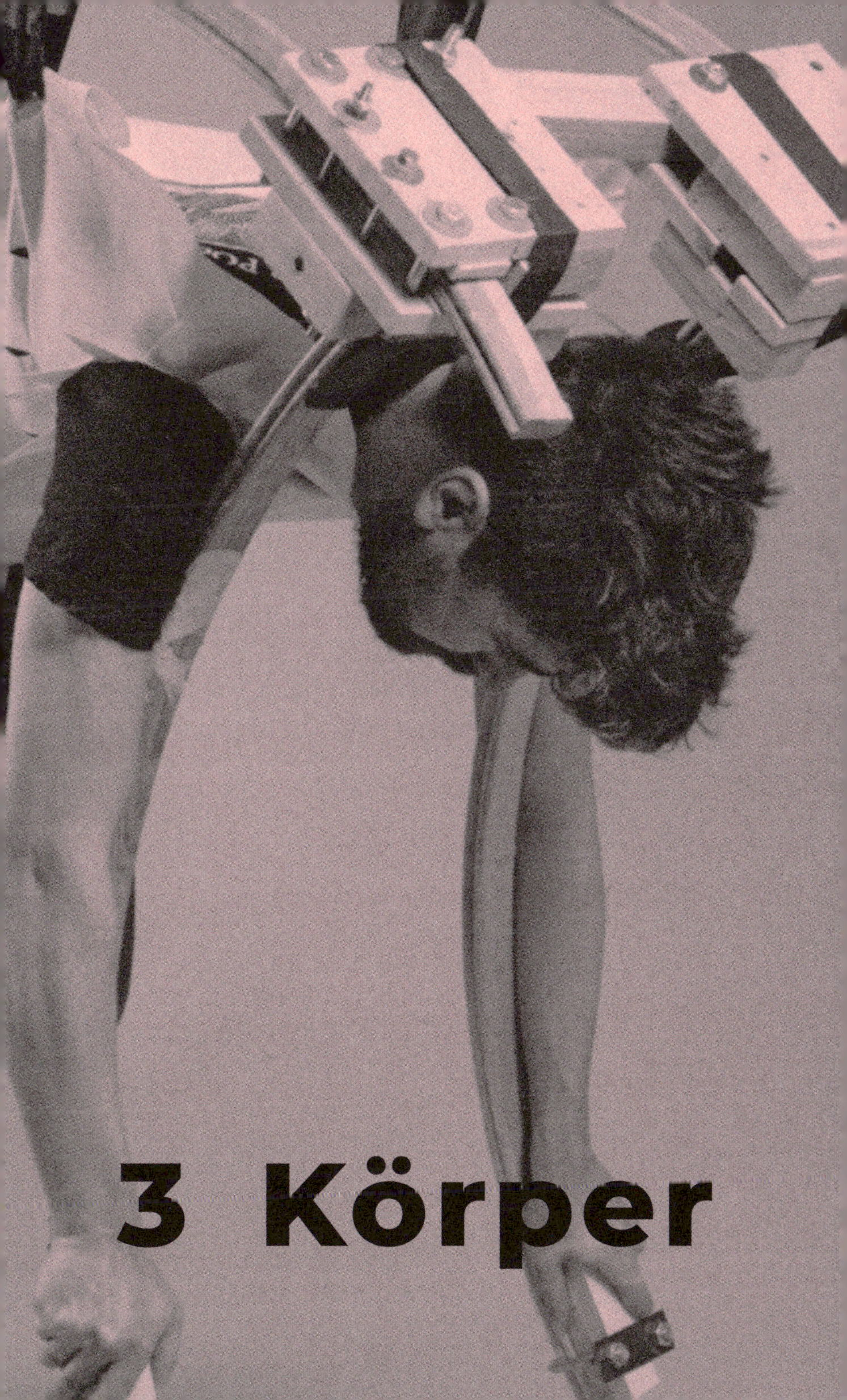

3 Körper

Körper

LONDON
(es wird wärmer)

Der Teufel findet Arbeit für müßige Hände.

Sobald man anfängt, sich der Welt ohne Hände zu nähern, geht man im Grunde mit dem Kopf – und dem Mund – voran auf sie zu. Genau das tut eine Ziege. Dr. McElligott hatte mir erzählt, dass Ziegen beim Fressen ziemlich heikel sind. Als ich ungläubig reagierte, denn wie jeder weiß, fressen Ziegen doch alles – das ist eines ihrer Markenzeichen –, entgegnete er, diesen Ruf hätten sie nicht verdient. Tatsächlich erforschen sie einfach nur die Welt mit dem Mund. Klar, falls sie feststellen, dass das gefundene Objekt essbar ist, fressen sie es (wer würde das nicht tun?), aber wenn er versehentlich eine ungekochte Nudel (die Lieblingsleckerei der Ziegen) auf den schmutzigen Boden im Hof fallen lässt, rühren sie sie nicht an, ehe er sie abgewaschen hat. Diese Pingeligkeit, meint er, haben sie sich wahrscheinlich im Laufe der Evolution angeeignet, um sich keine Magen- und Darmparasiten (Würmer und dergleichen) zuzuziehen. Wenn dein Mund dein sensibelstes Tastorgan ist und du ein neophiles (neugieriges) Tier bist, wirst du also an Kleidung, Taschen, Kameras und so herumknabbern – und deine Neugier mithilfe deiner wichtigsten Schnittstelle zur Außenwelt stillen. Was machen Babys, wenn sie auf etwas stoßen, das sie noch nicht kennen? Sie stecken es in den Mund und lutschen es ab.

Eine neophile Ziege erkundet die Welt.

Als die Ziegen länger draußen bleiben wollten, haben sie den Riegel an der Stalltür nicht nur mit Hirnschmalz, sondern im Zusammenspiel mit ihrem Maul, insbesondere ihrer beweglichen gespaltenen Oberlippe geöffnet. (Die gespaltene Oberlippe einer Ziege funktioniert wie zwei kurze, äußerst gelenkige Greifwerkzeuge.) Unsere höchst komplexe menschliche Zivilisation ist das Ergebnis der engen Verflechtung unseres Gehirns mit unseren Händen. Die Tastatur, auf der ich (mit meinen flinken Fingern) tippe, ist nichts anderes als ein Werkzeug, und die Herstellung von Werkzeugen mit unseren Händen – und die Verwendung von Werkzeugen zur Herstellung weiterer und weiterer und weiterer Werkzeuge – hat uns dorthin gebracht, wo wir heute sind. Mit dem Verstand ist es nämlich so – ohne einen Körper, ohne eine Verbindung zur realen Welt nützen einem die geistigen Fähigkeiten nichts (selbst wenn man René Descartes ist). Wo endet eigentlich die Hand und wo beginnt der Verstand? Klar, äußerlich betrachtet fangen die Hände an den Handgelenken an, aber im Innern ist es nicht ganz so eindeutig. Als Joe Devlin meine Finger dazu brachte, sich zu krümmen, lagen die von ihm aktivierten Muskeln in meinem Unterarm. Diese Muskeln werden von Nerven stimuliert, die vom Rückenmark ausgehen und über weitere Nerven wiederum mit dem neuronalen Netz im Gehirn verbunden sind. Sobald ich in Systemen denke und nicht nur die äußere Anatomie für sich genommen betrachte, erkenne ich, dass sich mein Gehirn bis in die Hände erstreckt. Dies verankert mich fest in der physischen Welt. Die Vorstellung von einem solchen Netzwerk führt dazu, dass ich das Gehirn nicht mehr als etwas sehe, was hinter meinen

Augen sitzt und nach außen schaut, sondern als etwas, was in meinem gesamten Körper präsent ist. Die Verortung mentaler Prozesse ausschließlich im Gehirn wird auch als »kortikaler Chauvinismus« bezeichnet, um zu verdeutlichen, dass das Gehirn beim Verständnis von Intelligenz überbewertet wird.

Ich kann schon versuchen, durch Herumspielen an meinem Gehirn den Bewusstseinszustand einer Ziege zu erlangen, aber ohne im Körper eine Ziege zu stecken, werde ich mich nie wie eine fühlen. Da ich starke Halluzinogene heute strikt ablehne und Dr. Devlins wahrnehmungsverändernde Gehirnmanipulationsmaschine frühestens in fünfzig Jahren zur Verfügung stehen wird, bleibt mir, um meine Perspektive zu verändern und nicht mehr automatisch an meine Hände zu denken, wenn ich eine Tür öffnen oder eine Schraube herausdrehen möchte, nur die Möglichkeit, gar keine Hände mehr zu haben. Ich muss meine Arme in Beine und meine Hände in Füße beziehungsweise Hufe verwandeln.

Mein erster Versuch einer Metamorphose sah ganz vielversprechend aus – bis ich versuchte, in diese Konstruktion hineinzusteigen. Es war mehr oder weniger eine Schere in Menschengröße, mit der Besonderheit, dass überall abgesägte Metallstangen herausragten. Dadurch wurden Körperteile gefährdet, auf die der Mensch ungern verzichtet: Augen, Finger, Hals und so weiter. Darin zu stecken fühlte sich entsetzlich an. Einen Schritt in diesem Ding zu tun, war unmöglich. Durch die vielen Gelenke neigte die Apparatur dazu, zusammenzuklappen und umzufallen, sodass es anstrengend war, mich aufrecht zu halten. Ich musste meine ganze, nicht unbeträchtliche Kraft aufwenden, um nicht als elender Haufen aus Holz, Metall und abgetrennten Fingern zu enden. An Galoppieren war gar nicht zu denken.

Je mehr Gelenke es gab, desto mehr Muskeln musste ich einsetzen, um mit dem Exoskelett nicht umzufallen. Daher ging ich beim zweiten Prototyp ins andere Extrem und eliminierte sämtliche Gelenke. Ich konzentrierte mich darauf, Energie zu sparen: Wenn es so kräftezeh-

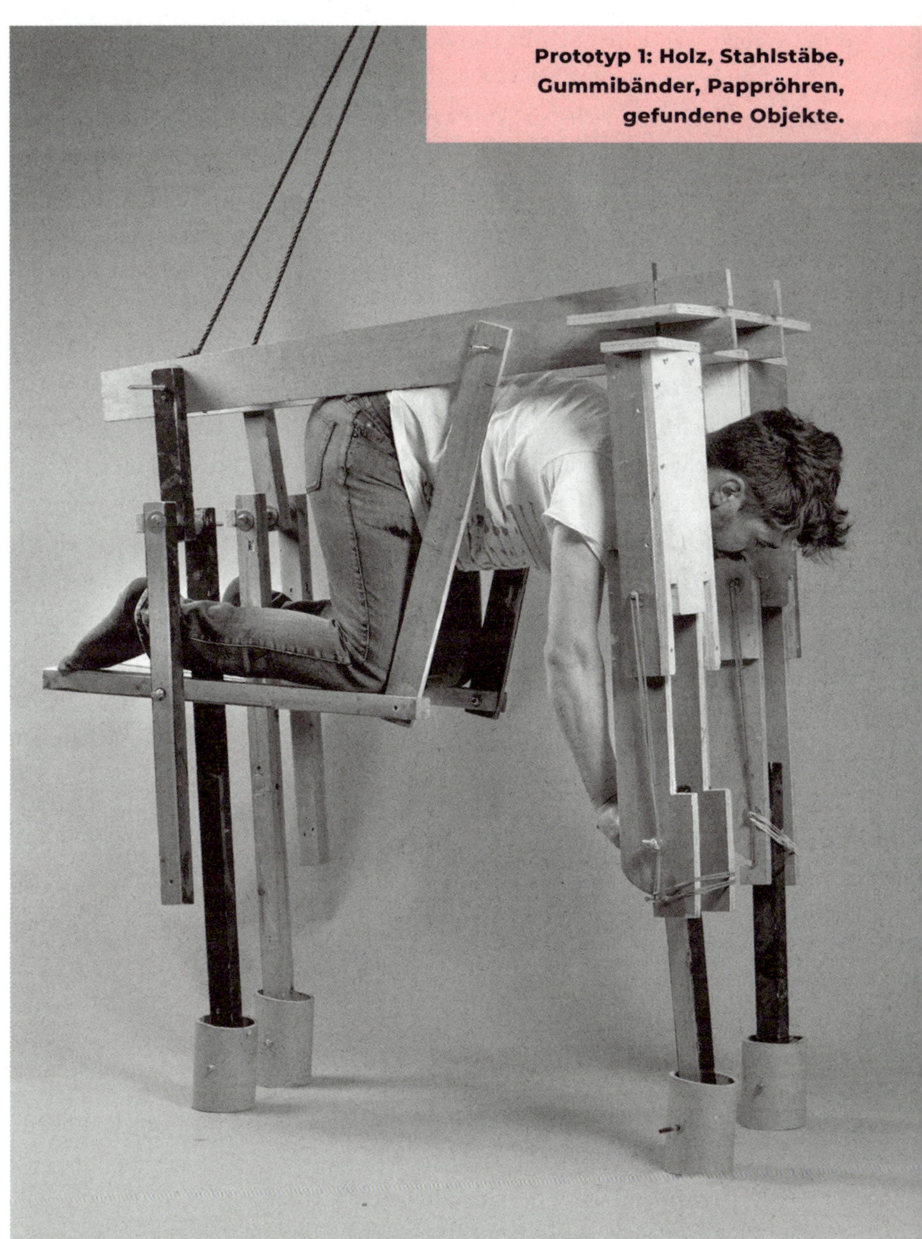

Prototyp 1: Holz, Stahlstäbe, Gummibänder, Pappröhren, gefundene Objekte.

rend war, einen Schritt als Vierfüßer zu tun, wollte ich beim Gehen wenigstens möglichst viel Energie zurückbekommen, um Unterstützung für den nächsten Schritt zu haben. Prototyp 2 bestand im Grunde aus zwei großen selbst gemachten Blattfedern, die riesigen Bögen ähnelten und zwischen denen ich in einer Art Korsett hing. Ich stellte es mir so vor, dass ich im Galopp wie der Pilot eines Hängegleiters mein Gewicht verlagern und auf meinen gefederten Beinen durch die Landschaft hoppeln könnte.

Aber erneut war es leicht beängstigend, in das Ding hineinzusteigen. Obwohl das völlige Fehlen von Gelenken eigentlich bedeutete, dass ich meine Muskeln entspannen konnte, da das Exoskelett mein Gewicht trug, blieben meine Muskeln in der Praxis äußerst angespannt. Weil ich kopfüber an zwei Federn hing, die die geringste Gewichtsverlagerung verstärkten, hatte ich ständig Angst, seitlich umzukippen (und wieder hatte ich bei der Anfertigung ein paar scharfe Enden hervorstehen lassen). Dieser Prototyp war zwar extrem elastisch, dafür aber schwer zu kontrollieren. Da die gefederten Beine keine Gelenke hatten, konnte ich die Füße nur mühsam bewegen – vor allem nicht schnell zur Seite, um nicht umzukippen. Und genau das passierte, nachdem es mir gelungen war, einen Schritt zu tun.

Aber ein Schritt ist besser als nichts. In bestimmten Kontexten gilt ein Schritt als große Leistung. Ich beschloss, den größten Mangel von Prototyp 2, das Fehlen der Gelenke, zu beheben, indem ich die Vorderbeine absägte und umgedreht wieder befestigte. Allerdings rutschten sie ständig aus ihren neuen Schultergelenken, weshalb ich Bänder aus Unterhosengummi darauf tackerte.

Allmählich fühlte ich mich ein bisschen wie Gott, während ich meine Schöpfung nach Belieben mit Beinen und Gelenken und Bändern ausstattete. Anders als bei Gott hapert es bei mir jedoch ein bisschen mit der Allwissenheit.

Trotzdem, dank der Schultergelenke schaffte ich mit dem zweiten Prototyp nicht nur einen, sondern viele Schritte. Ich konnte sogar bis

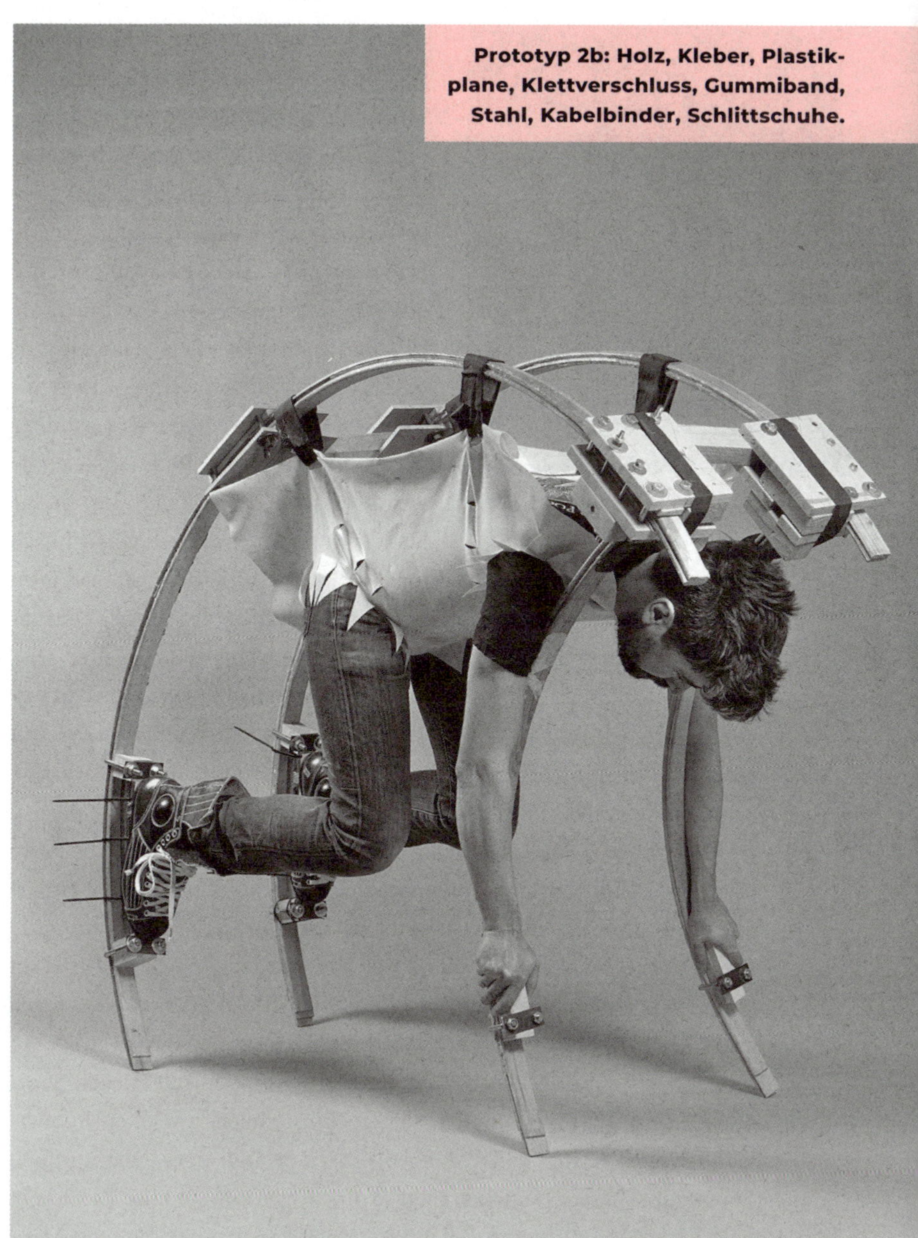

Prototyp 2b: Holz, Kleber, Plastikplane, Klettverschluss, Gummiband, Stahl, Kabelbinder, Schlittschuhe.

Prof. John Hutchinson.

ans andere Ende meiner Wohnung laufen. Und umdrehen. Und zurücklaufen. Ein Kraftakt mit viel Ächzen und Stöhnen meinerseits und Quietschen und Knarzen des gefederten hölzernen Körpers. Nach etwa siebzig oder achtzig Schritten war die Belastungsgrenze erreicht und ein Hinterbein brach ab. Wieder endete ich als Haufen aus Fleisch, Holz und geprellten Knochen.

Nach diesen Versuchen beschließe ich endlich, mich an einen Experten zu wenden. Weil Gott nicht auf meine Kontaktaufnahme reagiert, versuche ich es bei jemandem, der seine Konstruktionen studiert: Professor John Hutchinson vom Structure and Motion Laboratory des Royal Veterinary College. Ich traktiere ihn so lange mit Mails, bis er sich netterweise bereiterklärt, mich nach seiner Rückkehr aus Argentinien, wo er »besonders seltsame neue Dinosaurierfossilien« und »eine Kolonie mit einer Million Pinguinen« studiert, auf dem Campus in Hertfordshire zu empfangen. Das klingt nach einer unterhaltsamen Arbeitsreise.

Der Campus des Royal Veterinary College sei im Prinzip eine Farm mit einer Reihe von Tierkliniken und einem Biomechaniklabor, erklärt er bei unserem Treffen. Er kommt gerade von der Enthüllung einer Pferdestatue auf dem Campus durch die pferdebegeisterte Prinzessin Anne. Wie Dr. Devlin ist er Amerikaner (oder Kanadier, das lässt sich nach seinem Akzent schwer beurteilen), sehr beschäftigt und ein unglaublich netter Mensch, weil er einem Fremden mit Ziegenmanie seine Zeit schenkt. Als wir in seinem Büro sitzen, zwischen Bücherwänden und Kisten mit Knochen, überragt von einer lebensgroßen Pappfigur Charles Darwins, fragt er mich, warum ich eine Ziege sein will. Ich gebe ihm meine übliche Antwort, dass ich mit meinem Men-

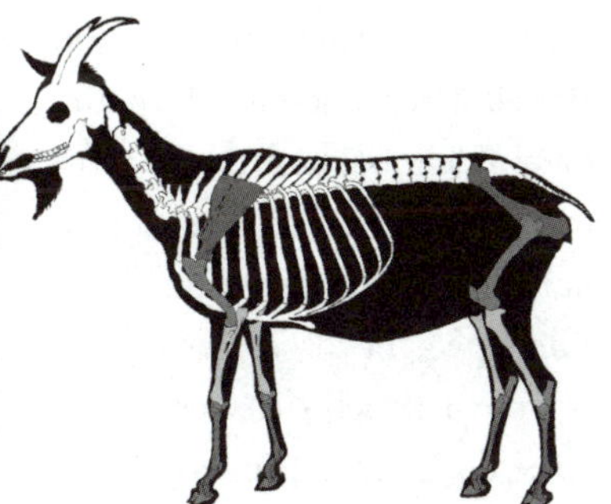

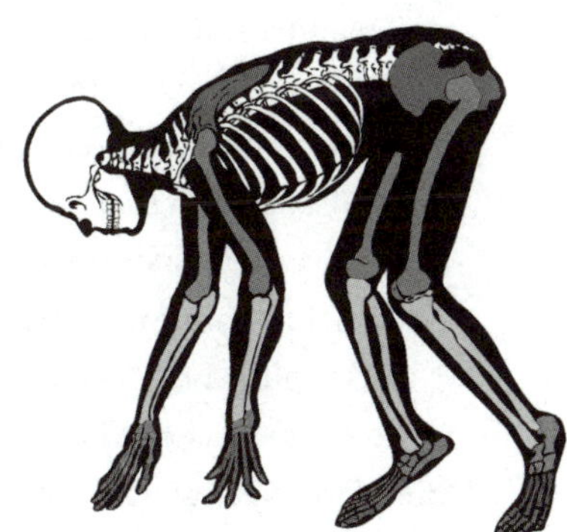

Homologe Strukturen bei den Extremitäten von Ziege und Mensch.

schendasein unzufrieden war und dachte, ich könnte ein Elefant werden, aber dann sagte mir eine Schamanin, ich sei eher eine Ziege …

»Sie wollten eigentlich ein Elefant werden? Ach, da wäre ich genau der Richtige für Sie gewesen.«

Verdammt! Offenbar sitze ich hier mit dem womöglich größten Experten der Welt für die Fortbewegung von Elefanten und spreche mit ihm nicht über die Fortbewegung von Elefanten, sondern von Ziegen. Wie peinlich. Doch Professor Hutchinson versichert mir, dass seine größte Liebe zwar den Elefanten (und Dinosauriern) gelte, er sich aber auch für die Fortbewegung anderer Tiere interessiere.

Ausgangspunkt unseres Gesprächs sind die vielen homologen Strukturen im Tierreich, also Teile der Anatomie, die selbst sehr unterschiedliche Spezies gemeinsam haben. Obwohl ein Vogel fliegt und ein Fisch schwimmt, ein Affe sich von Baum zu Baum schwingt und eine Ziege läuft, finden sich auffällige Ähnlichkeiten in Aufbau und Anordnung der Knochen ihrer Vordergliedmaßen. Dies war eine der Beweislinien, die Darwin zur Untermauerung seiner Behauptung heranzog, dass Tiere nicht fertig von einem Schöpfer auf die Erde kamen, sondern wir uns alle aus einem gemeinsamen Vorfahren entwickelten.

Grafiken verdeutlichen nicht nur Darwins Theorie, sondern lassen es jemandem in meinem derzeitigen Gemütszustand möglich erscheinen, mit ein paar kleinen Veränderungen an der Anatomie wie eine Ziege herumgaloppieren zu können. »Bei all den homologen Strukturen zwischen uns und den Ziegen dürfte es doch nicht allzu schwierig sein, etwas zu konstruieren, mit dem man bequem galoppieren kann, oder nicht?«, argumentiere ich gegenüber Professor Hutchinson.

»Ooooh.« Er muss ein bisschen überlegen, bevor er antwortet. »Sicher. Aber sehen Sie sich eine Maus an, die hat auch viele gemeinsame Merkmale mit uns. Sagen wir mal, eine der grundlegenden Eigenschaften von Mäusen ist, dass sie hinter Sockelleisten entlanghuschen können. Bei all den homologen Strukturen zwischen einem Menschen und einer Maus dürfte es nicht allzu schwierig sein, die menschliche Anatomie so anzupassen, dass wir hinter Sockelleisten entlanghuschen können, oder?«

Hmmm. Ja, ich nehme an, wenn Annette die Maus in mir gesehen hätte, wäre es trotz der ähnlich gebauten Knochen der Vordergliedmaßen bei Mäusen und Menschen schwer vorstellbar, dass ich durch eine Anpassung meiner Anatomie hinter einer Sockelleiste hätte leben können (in ständiger Todesangst vor Janet), und zwar wegen eines grundlegenden Unterschieds: der Größe.

Der Professor beschreibt nun die verschiedenen Tierklassen, wobei er die gesamte Evolutionsgeschichte des Menschen zurückverfolgt bis zu den Amphibien und Fischen. »Wie Sie sehen, gibt es bis hin zu den Anfängen gemeinsame Merkmale. Aber auch Eigenschaften, die von Grund auf verschieden sind.«

Ahhhh. Ich glaube, Professor Hutchinson meint Folgendes: Wenn ich die gemeinsame Anatomie als Argument dafür nehme, dass wir, um zu einer anderen Spezies zu werden, nur eine Prothese fertigen müssen, die die Unterschiede ausgleicht – warum dann nur eine Ziege? Ich würde bei jedem beliebigen Geschöpf homologe Strukturen finden, auf die ich meine These stützen könnte, dass ein bisschen Technik genügt, um sich in dieses Geschöpf zu verwandeln. Das Gleiche gälte zum Beispiel für Fledermäuse: kopfüber hängen, durch die Luft schwirren und von Insekten leben, die ich ausschließlich mit Echoortung fange? Ich muss mir nur ein Exoskelett anfertigen, das mir all das ermöglicht, denn Fledermäuse und Menschen haben ja ähnlich gebaute Gliedmaßen, und wir haben auch beide eine Lunge, einen Kehlkopf, einen Mund und Ohren, oder nicht?

Neben einer gemeinsamen Anatomie, die sich aus der gemeinsamen Evolutionsgeschichte ergibt, hat jede Spezies ihre eigene Evolutionsgeschichte, die sie einzigartig macht. Er erklärt mir: »Sie bringen von Ihrer Stammesgeschichte eine Menge Ballast mit, und das lässt sich nicht neu konfigurieren. Ein großer Teil von uns ist fest in uns angelegt und nicht veränderbar. Wir haben uns weiterentwickelt zu Zweifüßern mit großem Gehirn und kurzen Armen.«

»Aber, aber, aber …«

Dass er meine Fähigkeit, mich in eine Ziege zu verwandeln, in Frage stellte, hat mich offenbar so empört, dass ich mich nicht scheute, auf allen vieren im Büro herumzukriechen, um dem Professor zu demonstrieren, wie nah ich einer Ziege käme und dass ich nur die Defizite meiner Ziegenanatomie wettmachen müsse. Professor Hutchinson ist es sichtlich unangenehm, Zeuge dieses bizarren Schauspiels zu werden, und als ich mir das Video unseres Gesprächs im kühlen Licht eines neuen Tages nochmal ansehe, schäme ich mich selbst ein bisschen. Aber damals sah ich keine andere Möglichkeit, um seinem Argument etwas entgegenzusetzen und meinen Traum am Leben zu halten.

»Hmmm«, kommentiert er meine Vorführung. Dann ruft er unvermittelt: »Klar!« Als hätte er tapfer beschlossen mitzuspielen, sollte dies eine Art Falle sein. Der erwachsene Mann, der da vor ihm auf dem Boden krabbelt und eine Ziege imitiert, scheint ohnehin nicht zugänglich für logische Argumente.

»Also. Von der Mechanik her haben Sie das Problem, dass Ihre vorderen Extremitäten kürzer sind als die hinteren. Sie müssen Ihre vorderen Extremitäten also ein bisschen verlängern, damit Ihr Rücken waagrechter wird.«

Genau. Diese Akademiker können manchmal so schwer von Begriff sein.

»Wir sind Primaten, und Primaten sind eigenartig. Wir legen gewöhnlich unser ganzes Gewicht auf die hinteren Gliedmaßen, selbst beim Gorilla ruht dort das meiste Gewicht. Um mehr wie eine Ziege zu werden, müssen Sie einen Weg finden, beim Laufen mehr Gewicht auf die Vordergliedmaßen zu verlagern – ungefähr 60 Prozent Ihres Gewichts und 40 Prozent auf die Hinterbeine.«

Ich wiege 67 Kilo, 60 Prozent davon sind 40 Kilo. Das sind zwanzig Päckchen Zucker, die jeder Arm tragen muss, und zwar ständig. Ich werde ganz schön trainieren müssen.

»Ziegen stehen auf ihren Finger- und Zehennägeln. Vorne ist dieser Teil hier verlängert«, erklärt er und deutet auf seine Handfläche, »dort, wo ihre Mittelfußknochen zusammenlaufen.«

Das Gelenk, das wir beim Hinterbein einer Ziege oder eines Pferdes für das Knie halten, ist also tatsächlich das Sprunggelenk. Das führt zu dem weit verbreiteten Irrtum, dass die Beine eines Pferdes falsch herum gebogen seien. Was nicht der Fall ist, denn das vermeintliche Knie ist in Wahrheit das Sprunggelenk, das Pferd läuft also gewissermaßen auf Zehenspitzen. (So weit verbreitet ist dieser Irrtum gar nicht, denn man wird so gerne darauf hingewiesen.)

»Sie können ein bisschen mit den Zehen wackeln, sind aber ziemlich steif. Eine Ziege besitzt zwei Zehen, die eine gewisse seitliche Flexibilität erlauben, während das Pferd mit nur einer Zehe noch limitierter ist.«

»Demnach haben sie gespaltene Hufe und können gegessen werden. Wie schon in der Bibel steht: ›Alles, was gespaltene Klauen hat, ganz durchgespalten, und wiederkäut unter den Tieren, das dürft ihr essen.‹ (Levitikus 11, 3)« (Im Gespräch mit dem Professor verwende ich nicht das exakte Zitat, weil ich die Bibel nicht auswendig kenne.)

»Tja, also, während wir Menschen unsere Gliedmaßen von oben bis unten kontrollieren können, besonders die Beine, liegen die Muskeln und die Kontrolle bei Ziegenbeinen ausschließlich im oberen Bereich, und der untere Teil dient nur der Verlängerung und Federung.«

»Ja, Ziegen haben zierliche, dünne Beine.«

»Genau. Das hat den Vorteil, dass sie leichter sind, und leichte Gliedmaßen kann man besser schwingen. Versuchen Sie mal, mit 5-Kilo-Hanteln zu laufen. Es ist viel anstrengender, wenn sie an den Beinen befestigt sind als an der Hüfte. Genau aus diesem Grund verjüngt sich bei Ziegen alles unterhalb der Ellbogen und Knie, um länger und leichter zu werden.«

»Dann … könnte eine Ziege also schneller rennen als ein Mensch?«, frage ich unschuldig. Ich kenne die Antwort, aber ich will das Thema Galopp unauffällig zur Sprache zu bringen, und er wirkt schon ein bisschen gereizt.

»Oh ja, definitiv.«

»Liegt es nur daran, dass sie vier Beine haben, oder ist es komplizierter?«

»Es ist komplizierter.«

Das ist es doch immer.

»Es liegt zum Teil an den Beinen, aber auch der Rücken spielt eine große Rolle. Wenn die Ziege während des Galopps vom Boden abhebt, krümmt und streckt sie den Rücken, um ihre Schritte zu verlängern.«

»Ich träume davon zu galoppieren.«

»Galoppieren? Ach je, Galoppieren wäre sehr, sehr schwer …«

An diesem Punkt stehe ich erneut auf, und diesmal beuge ich wie verrückt den Rücken, um zu demonstrieren, dass auch mein Rücken sehr flexibel ist.

»Gut, ja, das ist Ihr Lendenbereich – dieselben Muskeln arbeiten auch im Rücken einer Ziege –, aber Ihre sind im Vergleich zu denen einer Ziege oder eines anderen vierfüßigen Säugetiers schwach. Ein

Galopp wäre auch deshalb äußerst strapaziös für Ihren Körper, weil Sie dafür vom Boden abheben müssen und dabei größere Kräfte auf die Beine einwirken und das Körpergewebe stärker beansprucht wird. Ganz davon abgesehen, dass Sie extrem schnell ermüden würden.«

Neben den mechanischen Problemen bezweifelt Professor Hutchinson auch, ob ich es geistig hinbekommen würde: »Die Abfolge, in der die Gliedmaßen auf den Boden treffen, der klassische Kokosnussschalen-Rhythmus wie bei *Monty Python*, ist für unser Gehirn etwas ganz Fremdes, denke ich.«

Wieder beschleicht mich das Gefühl, dass ich zu unwissend bin, um die Unmöglichkeit meines Vorhabens ermessen zu können. Professor Hutchinson versucht es mir beizubringen.

»Ein Galopp … das wäre toll. Aber es wird nicht passieren. Ich will es mal so sagen: Ich glaube, Sie werden gehen und traben als sehr viel … angenehmer empfinden.«

Als Professor Hutchinson mich über den Campus führt, ist überall das Gegacker von Perlhühnern zu hören. Ich frage ihn, warum sie dort so viele Perlhühner halten.

»Perlhühner«, erwidert er, »rennen einfach gern.«

Er bringt mich zum Biomechaniklabor, wo man ein spezielles Laufband samt Bildschirm für Virtual-Reality-Experimente mit Perlhühnern aufgebaut hat. Außerdem entdecke ich ein Minilaufband für Laufexperimente mit Hamstern und eine Reihe großer Katzenhalsbänder, die vor ihrer Verschiffung nach Afrika, wo sie von einem Rudel Löwen getragen werden sollen, mit Sensoren vollgepackt werden. Professor Hutchinson zeigt mir auch seine neueste Errungenschaft, eine fantastische Röntgen-Videokamera, die nach seinen Worten die Branche revolutioniert. Mit ihrer Hilfe kann man in Zeitlupe beobachten, was im Inneren eines Tieres abläuft, während es sich bewegt.

Prof. Hutchinsons hervorragender Blog: Whatsinjohnsfreezer.com Was genau ist in Johns Tiefkühler? Hunderte toter Tiere!

»Wie auf der Krankenstation bei *Star Trek*«, bemerke ich.

»Aber man bräuchte schon einen ziemlich guten Grund, um einen Menschen dieser Prozedur zu unterziehen. Die Kamera schießt 250 Röntgenbilder pro Sekunde.«

Draußen neben dem Laborgebäude steht versteckt in einer abgelegenen Ecke des Hofs ein verdächtig harmlos aussehender Frachtcontainer. Der Professor holt einen großen Schlüsselbund mit einem echten Hufeisen als Anhänger hervor, schließt den Container auf und öffnet die schwere Stahltür. Im Innern stapeln sich bis an die Decke Plastiksäcke, die gefrorene Körperteile enthalten. Es gibt Säcke mit Pferdeköpfen und einen mit einem ganzen Tiger; weiter hinten liegen Straußenhälse, ganze Ladungen Giraffenfüße, elf gefrorene Pinguine, etliche Alpakas, ein Leopard, ein Haufen Krokodile und eine Menge Nilpferdteile.

Direkt am Eingang sehe ich Elefantenfüße, die blutigen Stümpfe ragen aus den Säcken. »Davon haben wir dreißig oder vierzig Stück. Wenn ein Elefant stirbt, schickt man mir gern seine Füße.«

Seufz.

Mein Leben müsste schon ziemlich seltsame Wendungen nehmen, sollte ich jemals einen Frachtcontainer mit einem ungewöhnlicheren Inhalt zu Gesicht bekommen. Professor Hutchinson schließt seinen Tiefkühler, und wir gehen über den Hof zu einem Gebäude mit einer hohen zweiflügligen Tür. Immer den Schienen eines Portalkrans über uns folgend erreichen wir einen großen, hellen Raum, in dessen Mitte kopfüber ein riesiges Pferd von der Kranwinde hängt, mit einem der Hinterbeine an einem Haken befestigt. Professor Hutchinson erklärt mir, dass der Haken das Bein an der Achillessehne durchbohrt, weil sie das gesamte Gewicht des Pferdes tragen kann. Er bittet mich, nicht zu fotografieren, denn es könnte sich um ein geliebtes Haustier handeln.

Wir befinden uns im Sezierlabor des Royal Veterinary College. Im Raum verteilt stehen die klassischen Edelstahltische mit Abflusslöchern in der Mitte. Auf einem der Tische liegt ein total süßes Babyschaf, wie ich es peinlicherweise nenne, und auf dem nächsten ein Schneeleopard. Er ist nicht ganz so süß, denn er ist nicht nur tot, sondern auch fast vollständig zerlegt. Die einzigen Teile, an denen man ihn noch als Schneeleopard erkennt, sind der Schwanz und eine Tatze.

»Darf ich den Schneeleoparden streicheln?«, frage ich.

»Klar. Ist aber vielleicht ein bisschen blutig.«

Zum ersten und bestimmt auch letzten Mal in meinem Leben streichle ich den Schwanz eines Schneeleoparden.

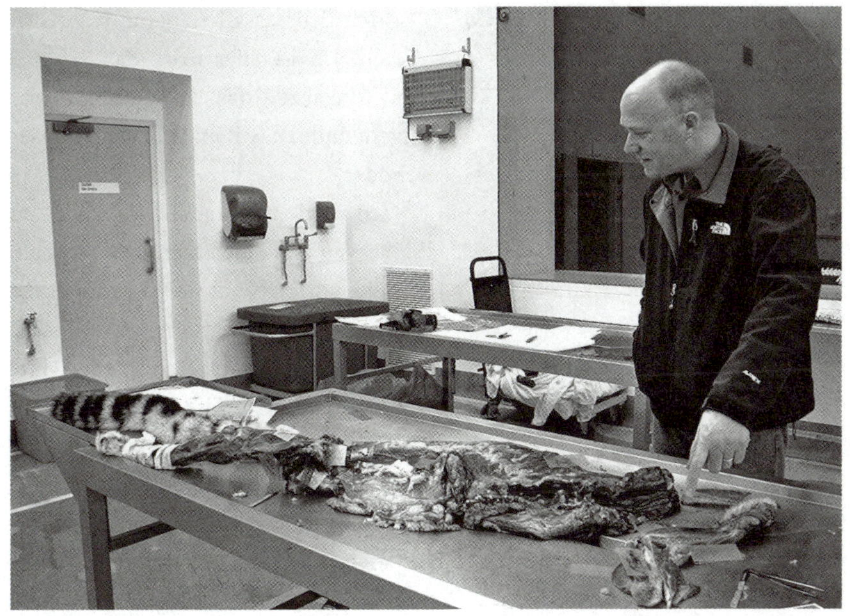

Schneeleopard, seziert.

»Warum sezieren Sie einen Schneeleoparden?«, will ich wissen.

»Also, zum einen hat man uns einen toten Schneeleoparden geschickt.« Ich stelle mir vor, wie der Paketbote ein schneeleopardenförmiges Paket aus seinem Lieferwagen lädt. »Und wir werden dadurch etwas über die Funktionsweise seines Körpers herausfinden, wir führen nämlich eine Studie darüber durch, wie sich die verschiedenen Katzenarten unterscheiden: von der gewöhnlichen Hauskatze bis hin zu Leoparden, Löwen und Tigern.«

Als Professor Hutchinson eine der überraschend groß und scharf aussehenden Krallen aus der Tatze des Schneeleoparden schiebt, erschließt sich mir ihre Funktionsweise sofort. Der Schneeleopard gehört zu jenen Raubtieren, die Bergziegen auf dem Speiseplan haben. Ja, wenn ich wüsste, dass sich jederzeit ein Schneeleopard an mich heranpirschen kann, wäre ich auch ständig auf der Hut.

Gewinnerin des Titels »Schönste Ziege« beim Mazayen al-Maaz-Wettbewerb in Riad.

»Ich liebe es, die Anatomie zu studieren. Da ist alles drin, das Schöne, das Makabre, das Langweilige, das Abstoßende, das Banale, das Schockierende.«

Ich weide mich noch ein bissen am Makabren. Es gibt einen mit Stacheln versehenen Schraubstock, um große Kadaverteile einzuspannen, und eine Schubkarre voller abgeschnittener Hufe von irgendeinem Tier. Beiläufig frage ich, wie viele Ziegen Professor Hutchinson schon seziert hat. Zu meiner Überraschung antwortet er, *keine einzige*.

»Ich habe ein Schaf und jede Menge andere Paarhufer zerlegt. Erst letzte Woche hatte ich eine Giraffe, aber eine Ziege? Kann ich nicht behaupten. Eigentlich fast alles außer einer Ziege. Das Problem ist, wir bekommen hier nicht viele Ziegen rein. Niemand bringt eine Ziege in die Unitierklinik, weil das wahrscheinlich ganz schön teuer wäre. Wir kümmern uns überwiegend um wertvolle Tiere wie Rennpferde. Es sei denn, jemand wäre bereit, für die Behandlung einer geliebten Ziege in einer Spitzenklinik ein paar Hundert Pfund auszugeben. Sonst heißt es meistens: ›Tut mir leid, alte Ziege, du hattest ein langes und glückliches Leben. Jetzt ist es Zeit, schlafen zu gehen.‹«

Zufällig weiß ich, dass es in Saudi-Arabien sehr wertvolle Ziegen gibt. Dort werden Schönheitswettbewerbe für Ziegen veranstaltet, und eine Ziegenschönheit ist Zehntausende Pfund wert.

»Wenn ich eine tote Ziege hätte, könnten wir sie sezieren?«

»Klar. Ich würde sehr gern eine Ziege sezieren. Das wäre interessant. Tiere neigen allerdings dazu, im ungünstigen Moment zu sterben; man hat nur eine kurze Vorwarnzeit. Am liebsten ist es uns, wenn wir sie in gefrorenem Zustand bekommen.«

Also, ich fände es auch interessant, eine Ziege zu sezieren.

Nur wo nehme ich jetzt eine geliebte Ziege her, die bedauerlicherweise eine Autopsie benötigt?

Buttercups ist der Himmel auf Erden für Ziegen, aber wohin kommen sie *nach* dem Ziegenhimmel? Und wäre es möglich, eine Ziege vor ihrer Reise ins Ungewisse abzuzweigen, um sie, im Dienst der Kunst in meinem Fall und im Dienst der Wissenschaft in Professor Hutchinsons Fall, im Royal Veterinary College zu sezieren?

Ich scheue mich ein wenig, das Thema Bob gegenüber anzuschneiden. Laut *New York Times* sind Ziegen die meistverzehrte Tierart der Welt (der Ernährungs- und Landwirtschaftsorganisation der Vereinten Nationen zufolge, die tatsächlich statistische Erhebungen durchführt – zum Beispiel zählt sie Kühe von Flugzeugen aus –, liegt die *New York Times* allerdings falsch). Wie dem auch sei, Ziegen gehören bestimmt zu den zehn meistgeschlachteten Tierarten der Welt. Nach Schätzungen der Vereinten Nationen werden täglich eine Million Ziegen getötet, und zwar ausdrücklich zu dem Zweck, zerteilt zu werden, daher erscheint es mir irgendwie unerheblich, eine zu nehmen, die schon tot ist, und sie zu sezieren. Andererseits haben von all den Millionen Ziegen nur die wenigsten einen Namen.

Und so fahre ich mit einer gewissen Verzagtheit zurück nach Buttercups und frage Bob rundheraus, ob es möglich wäre, eine seiner Ziegen zu sezieren.

»Nein, ausgeschlossen«, antwortet er. »Wenn eine Ziege hierherkommt, versprechen wir, dass wir uns für den Rest ihres Lebens um sie kümmern und respektvoll mit ihr umgehen, und ich denke, dieses Versprechen gilt über den Tod hinaus.«

Buttercups ist der Himmel auf Erden für Ziegen.

Das war's dann wohl. Doch dann erkläre ich ihm, dass es sich nicht um eine Do-it-yourself-Aktion in meiner Badewanne handeln würde, sondern um eine fachkundige Operation, durchgeführt von einem Professor und seinen Studenten am Royal Veterinary College, die zwar alle möglichen exotischen Tiere auf den Seziertisch bekommen, aber nie eine Ziege. Da fängt Bob an, darüber nachzudenken. Auf Buttercups gibt es keine Ziegenbeerdigungen und keinen eigenen Ziegenfriedhof. Ganz pragmatisch werden verstorbene Tiere von einer Spezialfirma abgeholt und in Brighton eingeäschert. Für den Transport von totem Vieh gelten in unserem Land extrem strenge Vorschriften, da dadurch ein möglicherweise ansteckender tödlicher Krankheitserreger verbreitet werden kann. Anscheinend finden zwischen der Belegschaft und den Ehrenamtlichen Diskussionen statt, an denen ich nicht beteiligt werde, denn einer von Bobs freiwilligen Helfern, der meint, er wisse schon Bescheid über diese *Künstler* und was sie so treiben, tritt auf mich zu, als ich über den Hof laufe. Ich versichere ihm, dass ich nicht vorhabe, eine satanische Ziegenschändungsperformance zu veranstalten. Danach sind zwar immer noch ein paar der Ehrenamtlichen alles andere als glücklich über meine Idee, aber die Tendenz geht von einem kategorischen Nein zu einem Vielleicht – immer vorausgesetzt, ich kriege das mit den Vorschriften und der Logistik hin.

Während ich auf die Nachricht von Buttercups warte, dass eine der Ziegen das Zeitliche gesegnet hat, versuche ich mithilfe meines Puppenspielerfreundes Ivan Thorley bessere Ziegenbeine herzustellen. Wir beabsichtigen, mithilfe der von Professor Hutchinson gelieferten Einblicke einen neuen Exoskelett-Prototypen zu bauen. Für die Vorderbeine wollen wir hohle Knochen aus Fiberglas anfertigen, in die ich meine Unterarme stecken kann, und Aluminiumröhren als verlängerte Mittelfußknochen, wodurch meine Arme und Hände zu Beinen und Hufen werden sollen.

Eigentlich ganz simpel – aber erst wenn man einmal das eigene Körpergewicht über längere Zeit mit einem Körperteil tragen muss, das nicht dafür geschaffen ist (wie die Unterarmmuskeln), merkt man, wie viel Ballast man als Mensch mit sich herumschleppt. Wir machen *gewisse* Fortschritte. Mein Gangbild ist mit Sicherheit besser als mit allen bisherigen Exoskeletten. Aber bei Feinheiten wie den Handgelenken, der Gewichtsverteilung und dem erheblichen Problem der Schmerzminimierung an jenen Stellen, wo Mensch und Maschine aufeinandertreffen, lässt sich unser Modell nur schwer verbessern. Letzten Endes ist unser Exoskelett vor allem hervorragend geeignet, mir die Blutzirkulation abzuschneiden und meine Haut wund zu scheuern.

Mir kommt in den Sinn, dass wir bei unserem Exoskelett wahrscheinlich mit ähnlichen Problemen konfrontiert sind wie ein Prothetiker, der für einen Amputierten künstliche Gliedmaße herstellt. Daher wende ich mich an eine Klinik für Prothetik an der University of Salford, wo Dr. Glyn Heath arbeitet. Dr. Heath ist Prothetiker, aber auch studierter Zoologe, eine ungewöhnliche Kombination, die mich hoffen lässt, dass er mir bei meinem Problem vielleicht weiterhelfen kann. Zu meiner Freude lädt er mich ein, in die Klinik zu kommen, und so fahre ich mit meinen neuesten Vorderbeinen im Gepäck nach Salford.

Dr. Heath, Prothetiker, Zoologe und (wie ich herausfinde) Mitarbeiter bei einer Hilfsorganisation, außerdem Gewerkschaftsvertreter und selbsternannte »Nervensäge für die Mächtigen«, erzählt mir, er habe mich kennenlernen wollen, weil ihn mein Vorhaben fasziniere.

»Das ist meinem normalen Denken vollkommen fremd, wissen Sie. Und es wurde richtig interessant … Ich musste die ganze Zeit darüber nachdenken, wie man es hinbekommen könnte. Da haben Sie mich wirklich auf dem falschen Fuß erwischt.«

Ich nehme an, ein Prothetiker muss nur sehr selten Vorderbeine anfertigen. Aber Dr. Heath stellt tatsächlich gelegentlich Prothesen für Tiere her, für Hunde und dergleichen. Er hat also schon Vorderbeine gemacht, wenn auch noch nie für einen Menschen, wie er einräumt. Ich frage ihn, ob einer seiner Patienten schon einmal etwas Spezielles verlangt hat, ein Ersatzkörperteil mit interessanten Modifikationen oder Verbesserungen gegenüber dem biologischen Original.

»Keine Chance. In der gesamten Geschichte hat noch nie jemand eine Prothese gemacht, die den menschlichen Körper übertrifft.«

»Und was ist mit den Dingern aus Karbon, die man bei den Paralympics sieht?«

»Die Leute mit solchen Prothesen tragen sie ja nicht den ganzen Tag, oder? Sondern nehmen sie nach dem Rennen ab. Solche Prothesen sind nämlich nur für eine bestimmte Art von Tätigkeit ausgelegt.«

»Und was ist mit Modifikationen?«

»Also, Ritterrüstungen waren die ersten Prothesen. Sie verhindern vielleicht, dass einem der Kopf abgeschlagen wird, aber eben auch so ziemlich alles andere, ha, haha!«

Dr. Heath stellt mich seinem Prothesentechniker Geoff vor, und ich erzähle ihm, wovon ich träume: galoppieren zu können wie eine Ziege. Wie schon Professor Hutchinson dämpfen die beiden meine Erwar-

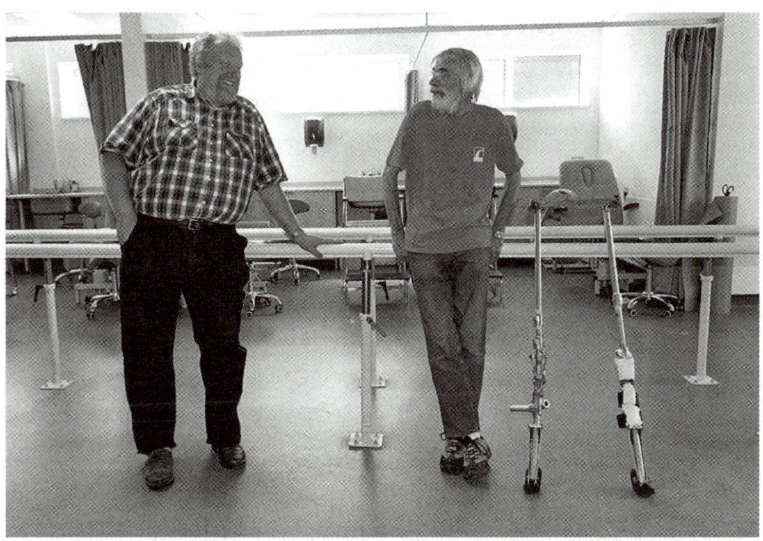

Dr. Heath, Geoff und die Beine, die ich mit Ivan angefertigt habe.

tungen. Sie wissen sehr viel mehr als ich, versuchen jedoch, es mir schonend beizubringen. Während Professor Hutchinson auf die Millionen Jahre Evolution verwies, die den Menschen von der Ziege trennen, geht es bei Dr. Heath und Geoff ziemlich schnell um Schmerzen. Sie sind Kliniker, keine Forscher. Ihr Job besteht überwiegend darin, praktische Hilfsmittel anzufertigen, um Schmerzen zu lindern, die Menschen von ihrem eigenen Körper zugefügt werden – einem Körper, der entweder durch Krankheit oder chirurgische Eingriffe fehlgebildet ist. Und als ich davon spreche, die Alpen auf vier Beinen zu überqueren, gibt es einen kleinen Aufschrei.

»Ha, ha, ha!« Dr. Heath ist ein fröhlicher Mensch, der beim Reden viel lacht. »Wie viel Zeit haben Sie? Vielleicht wenn Sie ein Fleischfresser wären … dann könnten Sie einfach achtzehn Stunden pro Tag schlafen! Wiederkäuer müssen schon größere Strecken zurücklegen, ha, ha, ha.« Er fährt fort: »Ich würde entschieden bestreiten, dass Sie in der Lage sein werden, länger als zwanzig oder dreißig Minuten am

Stück zu laufen – das ist das absolute Maximum! Und es wird nicht einmal die Müdigkeit sein, die Sie zum Aufhören zwingt. Der Druck auf Teile Ihres Körpers wird Sie *umbringen*, bevor Sie müde werden.«

»Sie werden Schmerzen an Stellen haben, von deren Existenz Sie nichts wussten«, schaltet Geoff sich ein.

»Ja, Geoff hat recht. Wir können die Schmerzen *reduzieren* und es Ihnen angenehmer machen, aber der Druck auf die Körperteile bleibt, und er wird Sie umbringen.«

Umbringen ist ein starkes Wort, doch sie beharren darauf. Was ist mit dem Mann, der mit einer Beinprothese einen Marathon gelaufen ist?

»Schön für ihn«, meint Geoff, »aber aus klinischer Sicht ist das für mich Irrsinn. Ich hätte gern seinen Stumpf danach gesehen; der muss ausgesehen haben wie ein weich geklopfter Schinken. Dabei steht dieser Mann auch noch aufrecht. Sie werden noch viele andere Probleme haben. Wie zum Beispiel wollen Sie den Kopf oben halten? Das wird verdammt wehtun. Ziegen und so besitzen ein starkes Nackenband. Es verläuft auf der Rückseite des Halses, wie ein straff gespanntes Seil, und hilft ihnen, den Kopf oben zu halten. So eines haben Sie nicht. Und ich rate Ihnen: Besser, Sie basteln sich auch keines, denn das würde es Ihnen *zu bequem* machen. Wir wollen ja, dass Sie müde werden, verstehen Sie, damit Sie aufhören müssen. Wir wollen gar nicht, dass Sie den Kopf allzu lange oben halten, denn das könnte die Nerven in Mitleidenschaft ziehen und den Blutfluss zum Gehirn hemmen.«

»Ha, ha. Ich denke, bei ihm ist der Blutfluss zum Gehirn vielleicht schon gehemmt, Geoff!«

»Sie sollten wirklich nichts riskieren, besonders wenn es um den Hals und die Wirbelsäule geht, sonst landen Sie noch als Patient hier.«

»Ja, Geoff hat recht.« Dr. Heath wird ernst. »Wir wollen nicht, dass Sie querschnittsgelähmt wiederkommen.«

Da kann ich ihm nur zustimmen. Das Ziel ist eigentlich, zwei weitere Beine benutzen zu können, und nicht, den Gebrauch meiner Beine zu verlieren.

Ich frage nach dem häufigsten Grund für eine Prothese. Dr. Heath ist gerade aus der Türkei zurückgekehrt, wo er für eine Hilfsorganisation Prothetiker ausgebildet hat. Dort ist der häufigste Grund für Prothesen der Krieg im Nachbarland Syrien. In Gesellschaften dagegen, in denen Zivilisten nicht massenhafter Gewaltausübung ausgesetzt sind, sind die meisten Amputationen zu meiner Überraschung nicht auf grässliche Unfälle mit Elektrowerkzeugen oder traumatische Ereignisse wie Verkehrsunfälle zurückzuführen, sondern auf einen ungesunden Lebensstil (schlechte Ernährung und Rauchen). Der führt zu Diabetes, wodurch die Nerven der Extremitäten geschädigt werden können, sodass Schmerzsignale nicht mehr richtig weitergeleitet werden. So entwickelt vielleicht jemand ein kleines Problem am Fuß, zum Beispiel eine Blase, und beachtet sie nicht, weil er keine Schmerzen spürt. Die Person läuft einfach weiter, ignoriert das Problem – denn ein Arztbesuch ist mit Mühe verbunden und manchmal auch teuer –, und aus der kleinen Blase wird eine wunde Stelle, die immer noch nicht wehtut; sie wird schlimmer und schlimmer und schließlich brandig. Zu diesem Zeitpunkt ist die einzige Rettung oft eine Amputation des Beins. Es gibt eine gute evolutionsbiologische Erklärung dafür, warum Schmerzen wehtun: Man kann sie nur schwer ignorieren. Jetzt finde ich Geoffs Gedanken, dass ich als Ziege Schmerzen spüren *soll*, gar nicht mehr so abwegig, sondern ich halte es für eine sinnvolle Vorsichtsmaßnahme.

Dass ein ungesunder Lebensstil die Hauptursache für Amputationen ist, kommt mir wie eine merkwürdige Umkehrung von Ursache und Wirkung vor. Wir Menschen sind eigentlich Meister darin, unsere Umgebung zu verändern. Wir haben aus wilden Gräsern Weizen, Reis und Mais gezüchtet und 37 Prozent der Landmasse der Erde in Ackerland verwandelt, um diese Pflanzen anzubauen und Milliarden Nutztiere zu halten. Heute allerdings scheint die von uns geschaffene Umgebung mit viel Zucker, Fett, Alkohol und Tabak sowie einer überwiegend sitzenden Lebensweise in Beruf und Freizeit uns zu verändern.

Ich versichere Dr. Heath und Geoff, dass ich bei meinem Vorhaben, als Ziege die Alpen zu überqueren, ganz allein die Verantwortung trage, dass ich volljährig und im Vollbesitz meiner geistigen Kräfte bin und es ausschließlich meine Schuld wäre, wenn ich als Patient in ihrer Klinik landen würde.

»Gut, wir machen Ihnen ein paar Beine«, sagt Dr. Heath.

Bingo!

»Aber es wird eine Weile dauern. Wie lange haben Sie Zeit?«

Ich erkläre, dass ich unbedingt die Brunstzeit umgehen, aber auch nicht erfrieren will, also bis Ende September. Beide müssen Prothesen für Leute fertigen, denen es nicht um eine Auszeit vom Menschsein geht, was bedeutet, dass sie an meinen Exemplaren außerhalb der regulären Klinikzeiten arbeiten würden, daher möchte Dr. Heath so schnell wie möglich loslegen.

Er bittet mich, ihm meinen Vierfüßergang vorzumachen. Ich hole meine eigens angefertigten abgesägten Krücken hervor und laufe in der Klinik herum. Zunächst bin ich ziemlich langsam, aber allmählich gelingt es mir ganz gut.

Er und Geoff geben währenddessen Kommentare ab und kritisieren alles, was bei meinem Versuch, mich von einem Zwei- in einen Vierfüßer zu verwandeln, nicht stimmt.

»Ihre Hinterbeine sind zu lang. Ihr Becken steht nicht im richtigen Winkel. Sie müssen mindestens 60 Prozent Ihres Gewichts auf die Vorderbeine bringen. Sie sind ein Sohlengänger und kein Zehenspitzengänger, aber wir könnten wahrscheinlich eine AFO für Sie anfertigen, die Ihnen den Zehengang mit den Hinterbeinen ermöglicht.« (Wie ich später erfahre, ist eine AFO eine Knöchel-Fuß-Orthese.)

Ich möchte das Geh-Examen unbedingt bestehen, daher klettere ich auf einen Stuhl, um wie eine Ziege mit dem Oberkörper voran herunterzuspringen. Doch der tief verwurzelte Instinkt, meinen Körper vor Verletzungen zu bewahren, hält mich zurück, und auf einmal traue ich mich nicht mehr.

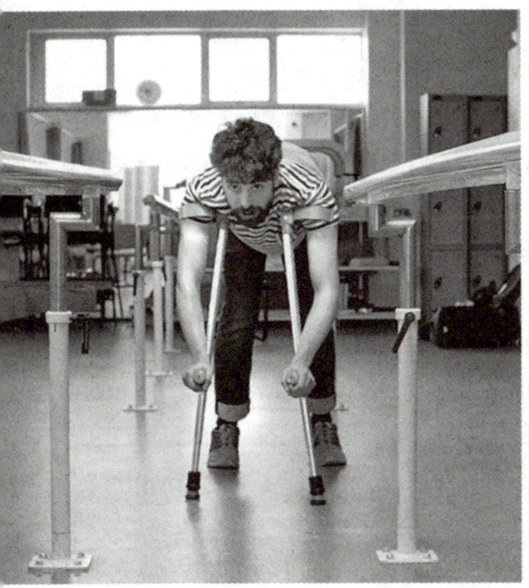
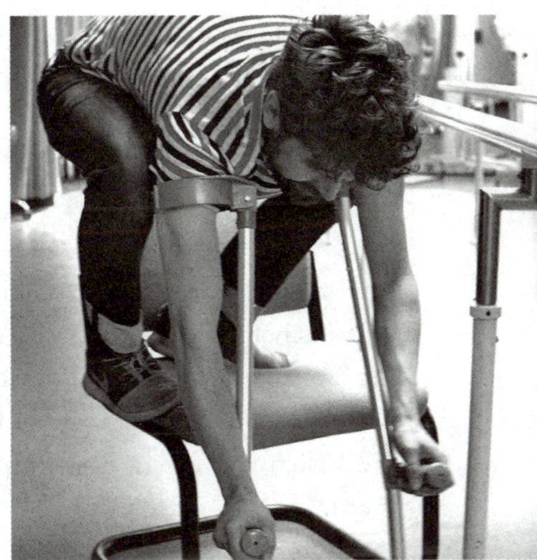

Beim Üben des Vierfüßergangs in der Klinik für Prothetik.

»Wenn Sie das versuchen, renken Sie sich die Schulter aus, brechen sich das Schlüsselbein und schrotten Ihre Bänder, und das ist nicht lustig«, warnt Geoff. »Eine Ziege kann nur deshalb aus so großer Höhe springen, weil der Rumpf in der Lage ist, sich von den Schulterblättern zu lösen. Es gibt keine knöcherne Verbindung zwischen den Vordergliedmaßen und dem restlichen Körper. Wenn die Ziege aus großer Höhe auf den Vorderbeinen landet, gleitet der Rumpf einfach weiter und federt dann zurück, als wäre er durch Gummibänder mit dem oberen Teil der Beine verbunden. Sie hingegen haben eine knöcherne Verbindung zwischen den Armen und dem Rest des Körpers – das Schlüsselbein.«

Es gibt aber noch viele weitere Feinheiten des menschlichen Körpers, über die man nicht nachdenkt, wenn man gesund und munter seinem Alltag nachgeht, die sich jedoch bemerkbar machen, sobald sie nicht mehr so gut funktionieren (oder dem Wunsch zu galoppieren entgegenstehen). Bei Gelenken wie den Knien und den Ellbogen dachte ich eigentlich, sie hätten einen überschaubaren Bewegungsspielraum, dabei können sie sich in alle möglichen Richtungen bewegen und ausrichten. Und die Schultern, die sind überall.

»Sie halten Ihre Bewegung für etwas Selbstverständliches, aber versuchen Sie mal herauszufinden, wie ein einziges Gelenk beim Gehen funktioniert, tja …«

Dr. Heath und Geoff wollen daher, dass meine Ziegenverkleidung mit möglichst wenigen prothetischen Gelenken auskommt, denn ihre künstlichen Gelenke kommen von der Beweglichkeit her nicht an meine biologischen heran und werden mich somit einschränken: Je mehr Gelenke ich habe, desto stärker behindern sie mich. Ich schraube meine Vision von einem Ganzkörper-Exoskelett zu etwas … Simplerem herunter.

Geoff bringt eine staubige Schachtel mit künstlichen Gelenken, die er als »Art déco der Prothesenwelt« bezeichnet. In seinem Lager verstaubt noch eine Menge davon auf den Regalen, denn sie werden für eine Art von Prothese benötigt, die früher einmal sehr weit verbreitet war – nach dem Krieg. Er meint damit allerdings nicht den jüngsten Krieg im Nahen Osten. Im Grunde genommen sind es Gelenke für Holzbeine.

»Von manchen alten Herrschaften werden sie noch verlangt«, sagt er, und er glaubt, dass sie sich nahezu perfekt für menschliche Ziegenbeinprothesen eignen. Einfach, stabil und fähig, den widrigsten Bedingungen in den Alpen zu widerstehen.

»Was schätzen Sie, wie schnell kann ich damit galoppieren?«, frage ich hoffnungsvoll.

»Ich glaube nicht, dass Sie jemals dazu in der Lage sein werden.«

»Nein, Sie werden nicht galoppieren«, bestätigt Dr. Heath.

Jetzt müsste eigentlich traurige Geigenmusik einsetzen.

Als ich jedoch erneut mit meinen abgesägten Krücken als Vierfüßer durch den Raum laufe, gelingt es mir zu Dr. Heaths höchster Verwunderung, in den Trab zu fallen. Es ist körperlich anstrengend, aber vom Kopf her fühlt es sich für mich ganz natürlich an, meine vier Beine im

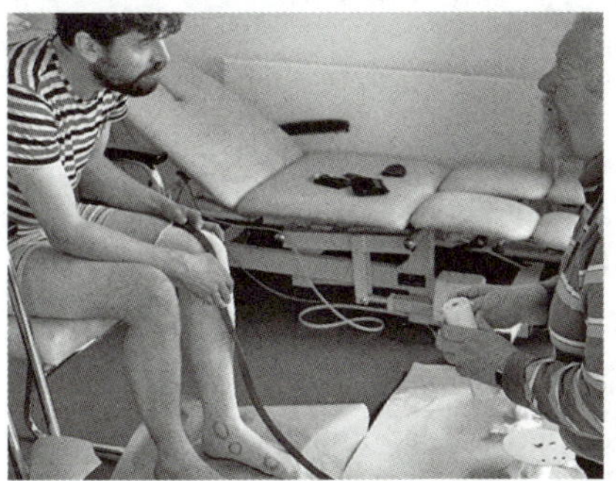

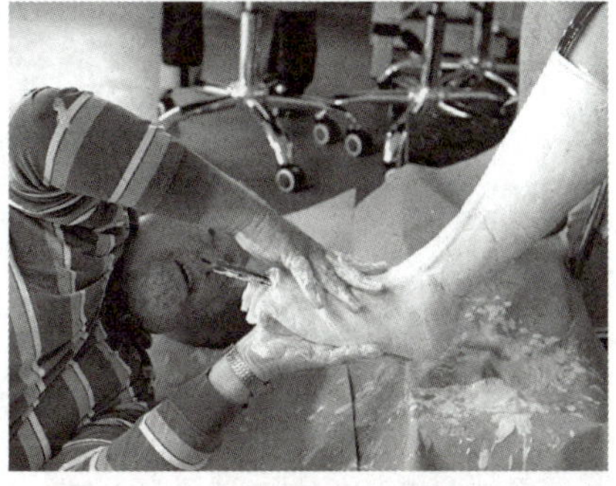

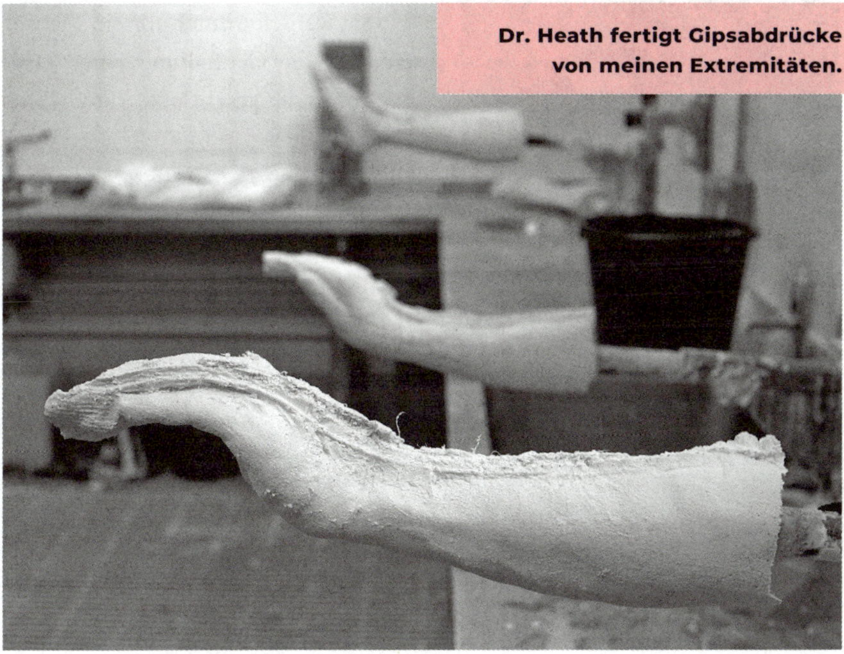

Dr. Heath fertigt Gipsabdrücke von meinen Extremitäten.

Trab zu koordinieren. Dr. Heath fragt sich laut, ob in meinem Körper noch eine Restinformation aus der Zeit abgespeichert ist, als wir uns vom Vierfüßer zum Zweifüßer entwickelt haben. Und er sagt, wenn er noch jünger wäre, würde er einen Aufsatz über mich schreiben!

Später lässt er mich meinen Trab den anderen Mitarbeitern vormachen. Ich bin ziemlich stolz auf mich.

Arme alte Venus: ihre letzten Schritte.

In den folgenden Tagen besuche ich Dr. Heaths Klinik für Prothetik an der University of Salford noch mehrere Male, damit er einen Gipsabdruck meiner Körperglieder anfertigen kann. Er warnt mich:

»Sie werden immer nur ein Mensch sein, der die Gehhaltung einer Ziege einnimmt, eingeschränkt durch Ihre menschliche Anatomie. Bis Geoff und ich mit denen hier fertig sind, sollten Sie schon mal mit Dehnübungen anfangen, damit Sie im Becken beweglicher werden, die hinteren Oberschenkelmuskeln dehnen und die Knie bis an die Brust bringen.«

Da beschließe ich, mit Yoga anzufangen.

Und dann kommt der Anruf. »Buttercups … Die Ziege heißt Venus … Ziemlich schlecht … Rufen den Tierarzt … Haben Sie schon den Transport zum RVC organisiert?«

Das habe ich, indem ich nämlich eine Berechtigung zum Transport tierischer Nebenprodukte der Kategorie zwei erworben habe. Ja, geneigter Leser, wenn Sie irgendwelche toten Tiere in Großbritannien transportieren müssen, bin ich Ihr Mann. Allerdings darf ich keine Wirbelsäulen und Gehirne, die bereits aus einem Tier herausgelöst wurden, befördern, denn die fallen unter Kategorie eins.

So fahre ich also nach Buttercups. Bei meiner Ankunft ist Venus noch am Leben, aber stark abgemagert. Wie der Geschäftsführer Gower mir erzählt, vermutet der Tierarzt, dass Venus an Paratuberkulose leidet. Diese Krankheit wird durch ein besonders fieses Bakterium

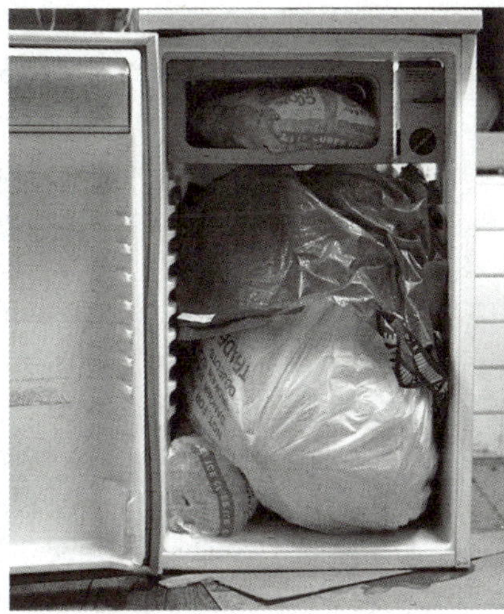

Links: Tja, für jeden schlägt einmal die letzte Stunde.
Rechts: Zum Glück passt Venus in meinen Kühlschrank.

verursacht, das in den Magen-Darm-Kanal wandert und eine Verdickung der Darmwand hervorruft, was die Aufnahme von Nährstoffen hemmt. Das gleiche Bakterium – *Mycobacterium avium subspecies paratuberculosis* oder kurz MAP – soll an der Entstehung von Morbus Crohn beim Menschen beteiligt sein. Die Paratuberkulose ist hoch ansteckend und kann sich durch die Aufnahme von mit Kot verunreinigtem Gras rasch in einer Herde ausbreiten, eine Aussicht, die Gower so sehr beunruhigt, dass er die Hypothese des Tierarztes gern bestätigt haben würde. Dafür ist es erforderlich, eine Autopsie durchzuführen und Venus Darmwand mikroskopisch zu untersuchen, ein Spezialität der Wissenschaftler und Tierärzte am RVC.

Venus blüht bei meinem Besuch ein bisschen auf, aber wie Gower mir erklärt, geht es Tieren vor dem Endstadium oft eine Weile lang besser, und so verhält es sich auch bei Venus. Zwei Tage später, an einem Sonntag, bekomme ich erneut einen Anruf. Gower sagt, der Tierarzt habe sie eingeschläfert, um sie nicht unnötig leiden zu lassen.

Ich borge mir also das Auto meines Vaters und fahre nach Buttercups, um Venus Leiche abzuholen.

Die Leichenstarre hat bereits eingesetzt, doch da Venus in einer einigermaßen kompakten Haltung gestorben ist, lässt sie sich in den mitgebrachten Plastiksäcken verstauen. Wegen des Sonntags kann ich sie erst am nächsten Morgen ins RVC bringen, und so muss Venus notgedrungen die Nacht eisgekühlt in einem improvisierten Leichenhaus respektive meinem Kühlschrank verbringen (sensible Leser sollten jetzt lieber nicht hinsehen.)

Am nächsten Tag liefere ich Venus Leiche bei Dr. Hutchinson ab, wo sie in den Tiefkühler wandert. Am Abend desselben Tages fahre ich die in den Wehen liegende Schwester meiner Freundin ins Krankenhaus. Auch wenn sie ihre Tochter nicht Venus genannt hat, möchte ich im Vorgriff auf die Zeit, wenn du einmal selbst lesen kannst, die Gelegenheit zu einem Gruß nutzen: »Hallo, Florence!« Ich habe es deiner Mutter damals verschwiegen, aber die Tatsache, dass dort, wo deine Mutter dich fast zur Welt gebracht hätte, Stunden zuvor die arme tote Venus lag, macht mir bewusst, wie nahe sich Beginn und Ende des Lebenskreises auf der Rückbank von Dads uraltem Mercedes kamen.

Venus Sektion zieht sich über zwei Tage hin, denn als wir sie auspacken, muss sie in der Mitte noch ein bisschen auftauen. Professor Hutchinson beginnt damit, die Haut abzuziehen, und nach einer kurzen Schulung im Umgang mit dem Skalpell darf ich ihm dabei helfen. Wir legen eine Stelle mit blaugrünem Fleisch an Venus Hüfte frei. Hier wurde die tödliche Spritze gesetzt, deren Gift aus Sicherheitsgründen blaugrün eingefärbt wird. Wenn man Ihnen jemals ein blaugrünes Steak serviert, verspeisen Sie wahrscheinlich gerade ein Rennpferd. Ein solches Gericht wäre auch deshalb interessant, weil die Spritze einen Cocktail aus Ketamin und Barbituraten enthält.

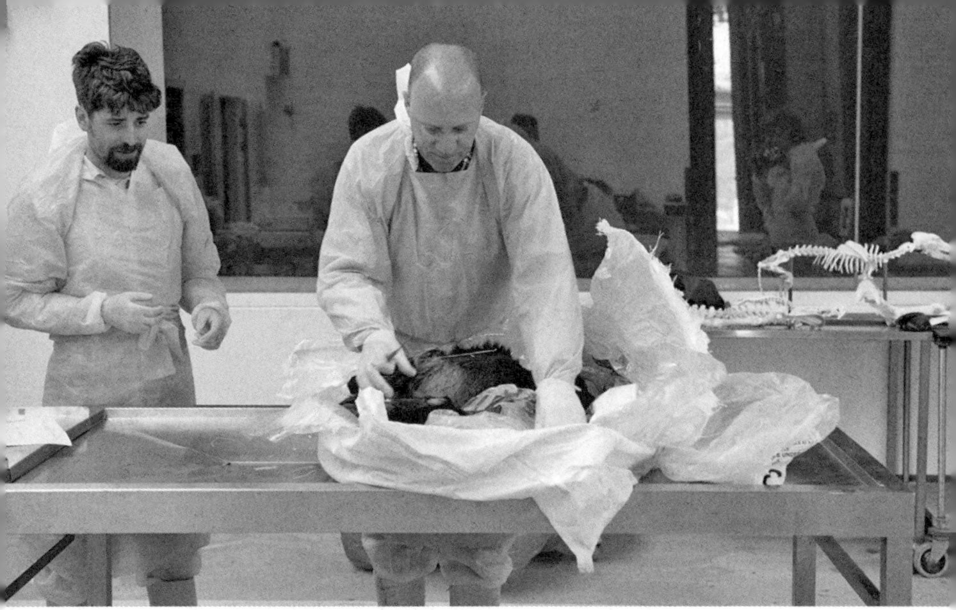

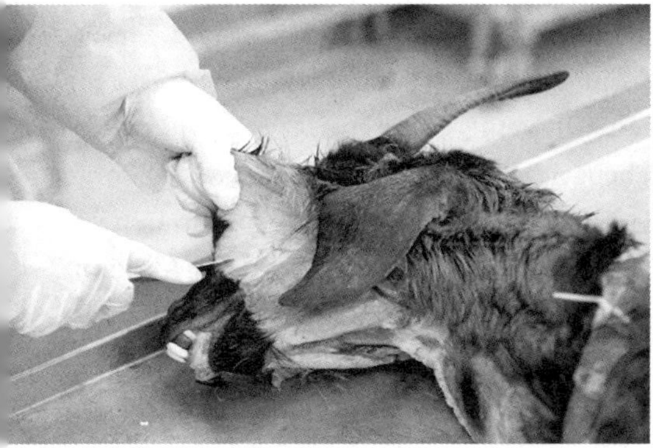

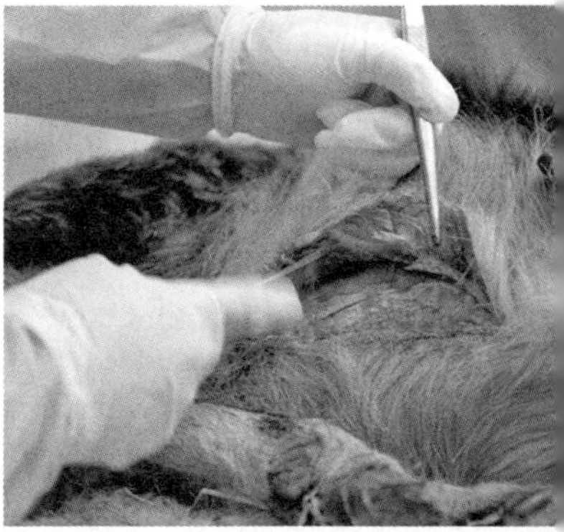

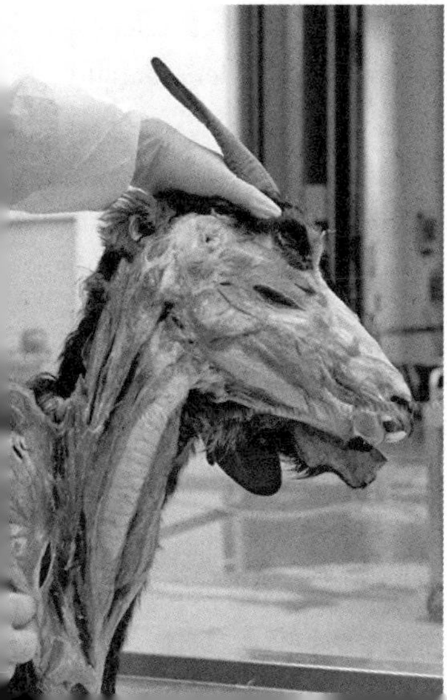

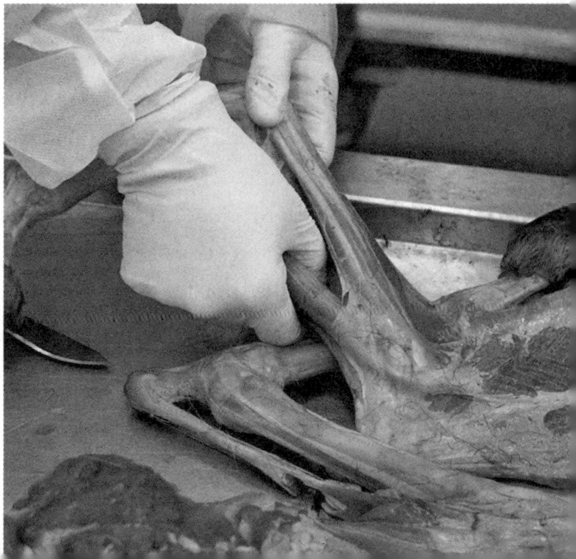

Während wir Venus sezieren, verwandelt sie sich nach und nach von der vertrauten Form einer (wenn auch toten) Ziege in etwas Unvertrautes, ein System miteinander verbundener innerer Organe in einem Bett aus Muskeln und Knochen, und dann wieder in etwas Vertrautes: einzelne Organe und Teile von Gliedmaßen, die wir vom Metzger und aus dem Tiefkühlregal im Supermarkt kennen.

Ich bin ziemlich zart besaitet und hätte eigentlich erwartet, dass es mir schwerfallen würde, in die arme alte Venus hineinzuschneiden. Als wir uns später das Video ansehen, das mein Freund Simon gedreht hat, kann ich zum Teil kaum hingucken (besonders an der Stelle, wo wir die Haut um Venus Maul herum abschneiden, um die Muskeln freizulegen, die ihre Lippen zu Greiforganen machen), aber während wir dabei sind, ist alles gut – wenn auch völlig verrückt und jenseits meiner Alltagserfahrung. Für die anwesenden Biologen ist es ganz normale Routine: Während wir Venus sezieren, zerlegt eine andere Gruppe ein Alpaka; zwischenzeitlich besteht der Verdacht, es könnte an Tuberkulose gestorben sein (zum Glück ein Irrtum, sonst wären wir alle unter Quarantäne gestellt worden). Eine weitere Gruppe nimmt eine Autopsie an einem großen, weißen, flauschigen Pyrenäenberghund vor.

Ich kämpfe ein bisschen, als der Techniker Venus Schädeldecke zersägt (das Geräusch von Säge auf Knochen geht mir an die Nieren). Und auch wenn es mir am Ende des zweiten Tages wirklich reicht – wegen des Gestanks der Ziege vermischt mit Darminhalt, dem metallischen Blutgeruch und dem Desinfektionsmittel des Seziersaals –, finde ich es trotz des Gemetzels faszinierend, die Anatomie einer Ziege von außen nach innen erforschen zu können. Dabei habe ich gelernt, wie raffiniert die Mechanik eines Körpers ist: Jeder Knochen in Venus Körper scheint so geformt zu sein, dass er eine Vielzahl von Kriterien optimal erfüllt, und kann in Verbindung mit Muskeln und Sehnen eine ganze Palette von Bewegungen so energiesparend wie möglich ausführen.

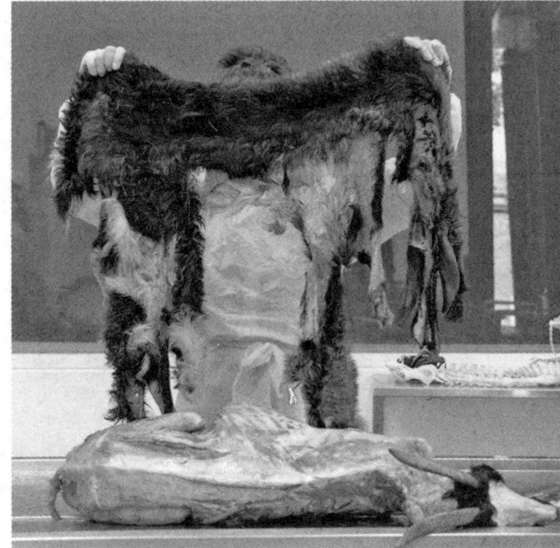

Allmählich gelange ich zu der Überzeugung, dass es technisch unmöglich ist, ein System zu konstruieren, das es mir erlaubt, mit meinem Körper auch nur annähernd an Venus ausgeklügelte Anatomie heranzukommen.

Professor Hutchinson fragt mich, ob ich die vierbeinigen Laufroboter gesehen habe, die Boston Dynamics mit finanzieller Unterstützung der Defense Advanced Research Projects Agency (Forschungsabteilung des US-Verteidigungsministeriums) entwickelt hat. Ja, sie sind ziemlich gruselig.

»Also, mit dem Versuch, einen Roboter zu bauen, der auf vier Beinen gehen kann, kommen wir dem Ziel schon ziemlich nahe, aber das hat über hundert Jahre Robotikforschung erfordert. Und er wurde von Grund auf neu entwickelt. Wenn man auf Ihren Körper mit all seinen Parametern aufbauen muss, wird es sehr viel schwieriger.«

Der Professor verabschiedet sich, weil er neue Dinosaurier entdecken/an einer Fakultätssitzung teilnehmen muss, und verweist mich an seine Doktorandin Sophie Regnault und den Fachtierarzt in Ausbildung Dr. Alexander Stoll, denen ich assistieren soll. Sophie sammelt

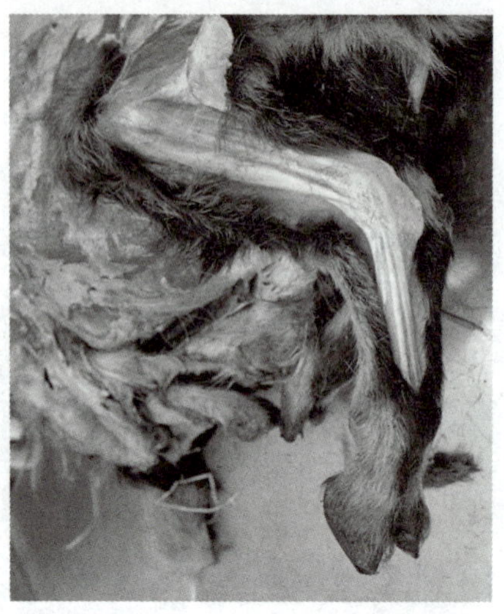

Damit aus einer Hand ein Huf wird, muss man die Knochen verlängern und die Finger miteinander verschmelzen.

Kniescheiben und möchte die von Venus für ihre Doktorarbeit verwenden, weil sie zwar Kniescheiben von allen möglichen exotischen Tieren besitzt, aber keine von einer ganz normalen *Capra hircus*.

Als wir die Beine abschneiden (und Sophie die Kniescheiben entnimmt), sehe ich, dass Venus Brustkorb, wie Geoff erklärt hatte, im Grunde nur mit einer Art Muskelschlinge ohne Gelenkverbindung zwischen ihren Vorderbeinen hängt, eine äußerst nützliche Anpassung, wenn man häufig mit dem Kopf voran von Felsvorsprüngen springt. »Bei einem solchen Aufprall würde es unsere Schlüsselbeine herausreißen«, bestätigt Dr. Stoll. »Ziegen haben keine Schlüsselbeine, die wären ihnen nur im Weg, denn Ziegen müssen rennen und keine Einkaufstüten tragen.«

Trotzdem, während wir so vor uns hin arbeiten, wird mir klar, dass man Venus und mich – sowie alle anderen Säugetiere und die meisten anderen Tiere auf der Erde – biologisch grob als Fleischröhre mit Öffnungen an beiden Enden bezeichnen kann. Und von dieser Röhre zweigen verschiedene sonderbare und wundervolle Anhängsel ab, die Dinge erledigen wie die Röhre fortbewegen, damit sie mehr Essen in ihre Aufnahmeöffnung befördern kann, um sich am Leben zu erhalten

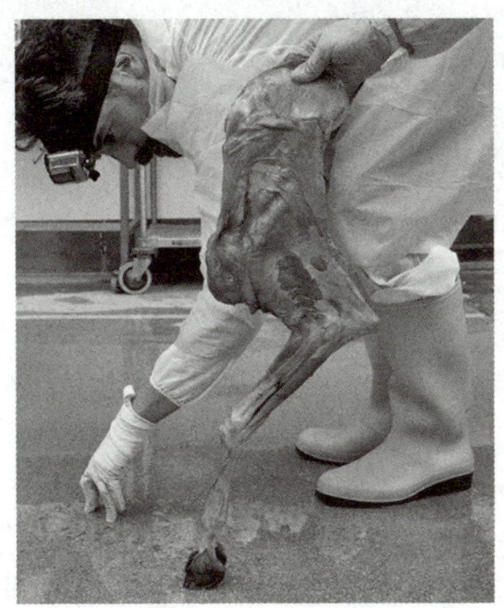
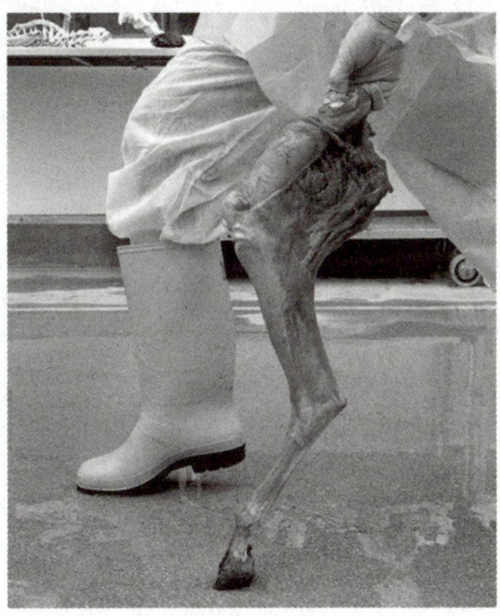

Vergleichende Anatomie

und weitere Fleischröhren zu produzieren. Keine sehr feinsinnige Beschreibung des Tierreichs, aber sie trifft auf Goldfische, Finken, Oktopusse, Spinnen, Priapswürmer, Diplodocus-Saurier, mich, Ihre Mutter, meine Mutter, Elefanten, Ziegen und fast alle anderen symmetrisch gebauten Tiere zu. Wir heißen *Bilateria*, das ist jene Gruppe im Stammbaum des Lebens, der 99 Prozent aller Tiere angehören, und der Großteil von ihnen teilt das Merkmal, einen Mund und einen Anus zu besitzen. Plattwürmer nicht, sie besitzen nur eine Öffnung für mehrere Zwecke.

Wir haben also denselben grundlegenden Bauplan, all die homologen Strukturen und so weiter, aber wie ich gelernt habe, steckt der Teufel im Detail. Während Ziegen und Menschen in vielerlei Hinsicht gleich sind, haben wir uns, seit unsere Entwicklungslinien vor fünf Millionen Jahren auseinanderliefen, zu zweibeinigen, plantigraden, Einkäufe schleppenden Allesfressern entwickelt, während sie zu vierfüßigen, paarhufigen, unguligraden, laufenden Wiederkäuern wurden. Wir haben mehr Gehirn, aber wo es der Ziege an Gehirn mangelt, macht sie es wett durch …

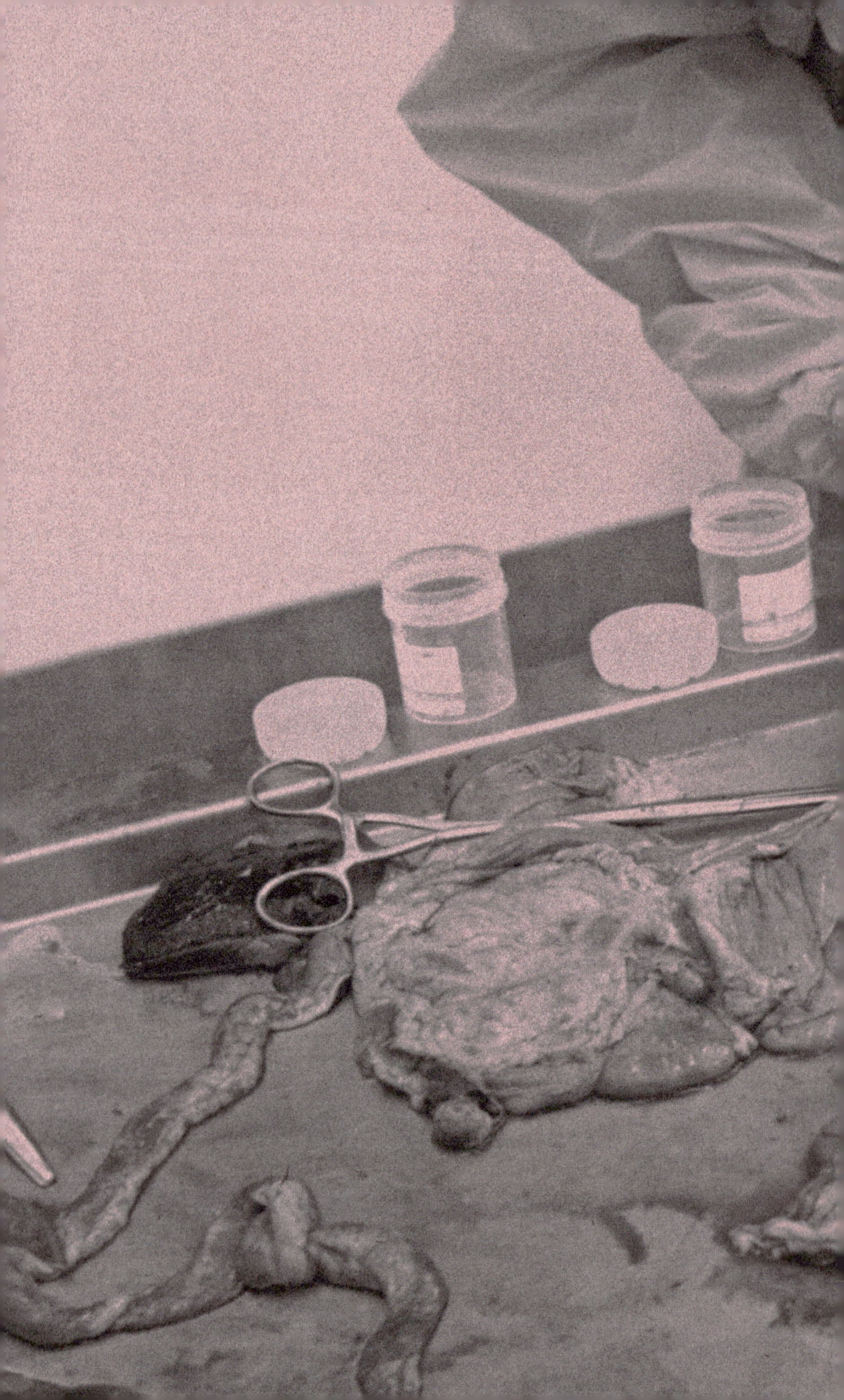

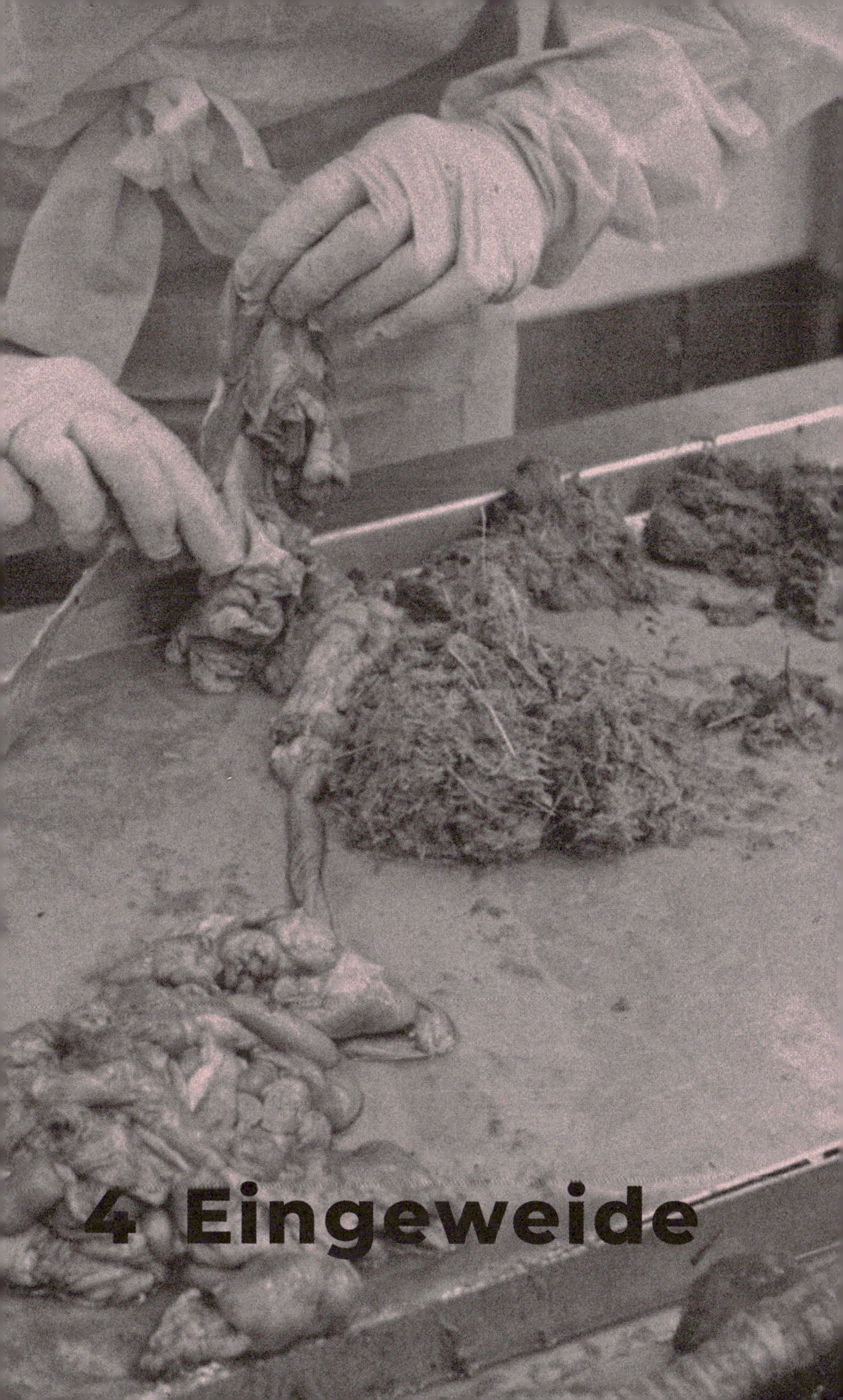

4 Eingeweide

Eingeweide

Ziegen haben eine Menge davon.

Es gibt mehr als eine Art, eine Katze zu häuten, und mehr als eine Art, eine Ziege zu sezieren. Die von Dr. Stoll gewählte Methode illustriert auf elegante Weise mein Gefühl, dass wir alle nur Röhren mit Anhängseln sind. Mit wenigen Schnitten und einem »Tada!« legt er Venus Organe von der Zunge bis zum Anus frei. Er löst die Eingeweide (und sie hat wirklich eine Menge davon) heraus, und wir tragen die ganze zusammenhängende Masse hinüber zu einem anderen Tisch.

Als wir mit der Untersuchung des Verdauungstrakts beginnen, bietet Sophie mir netterweise mentholhaltige Erkältungssalbe an, die ich mir aufs Kinn streichen soll, um den Geruch zu überdecken. Dieser Teil von Venus Anatomie interessiert mich besonders, denn wie wir wissen, können Ziegen nicht nur hervorragend galoppieren und klettern, sondern auch fressen. Zwar hat Dr. McElligott meine Vorstellung, sie seien Allesfresser, korrigiert, aber sie ernähren sich von einer großen Vielfalt an Pflanzen, die auf den grünen Weiden der Alpen heimisch sind. Eine Fähigkeit, die ich auch gern erlangen möchte.

Dr. Stoll verfolgt die Reise der Nahrung durch Venus Körper, in deren Verlauf sich diese verwandelt hat. Wir beginnen an der Zunge, fahren die Speiseröhre hinunter, vorbei am Kehlkopf bis zur Bauchhöhle, deren Organe wir herausgelöst haben.

Ziegen sind Vormagenverdauer und besitzen vier Mägen. Sie brauchen die zusätzlichen Mägen, weil sie wie alle Säugetiere unfähig sind, die für die Verdauung von Zellulose und Lignin erforderlichen Enzy-

Mikrobenfarm einer Ziege.

me zu produzieren. Wenn man bedenkt, dass ein Großteil des von ihnen verzehrten Pflanzenmaterials aus Zellulose und Lignin besteht, erscheint dies wie ein Fehler der Natur. Andererseits können viele Mikroorganismen diese Enzyme synthetisieren, so sind Ziegen und andere Wiederkäuer eine Symbiose mit diesen Mikroben eingegangen: Sie gewähren ihnen Unterschlupf in ihren Mägen, und im Gegenzug spalten diese die widerspenstige Zellulose und das spröde Lignin mittels mikrobieller Fermentation auf. Da dies ein langsamer Prozess ist, der Zeit und Raum erfordert, liegen vor uns auf dem Sektionstisch gleich vier Mägen.

Die ersten beiden sind der Pansen und der Netzmagen. Der Netzmagen ist eine Art Beutel oben am Pansen, in dem Wiederkäuer das Grünfutter lagern, bevor sie es zurück ins Maul würgen. Es wurde bis dahin bereits eine Weile von den Mikroorganismen bearbeitet und aufgeweicht und kann weiter zerkaut werden, ehe es nochmals zurück in den Pansen wandert, wo sich erneut die Mikroorganismen darüber hermachen.

»Der Netzmagen ist also so etwas wie unser Blinddarm?«, frage ich.

»Nein«, entgegnet Dr. Stoll.

Als Sophie den Pansen aufschneidet, fließt eine Art braune Suppe heraus, vermischt mit kleinen Resten von Venus letzter Mahlzeit (anscheinend mochte sie Gras). Das ist der Pansensaft mit jenen Mikroorganismen – Bakterien, Pilzen und Protozoen –, die Wiederkäuern etwas ermöglichen, was wir nicht können: die in Pflanzen enthaltene Zellulose verdauen.

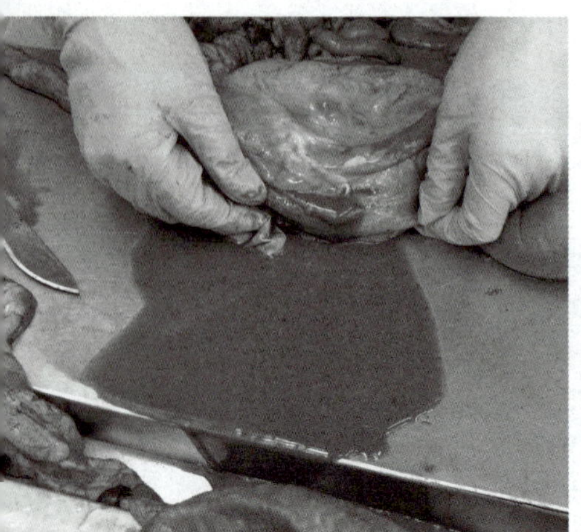

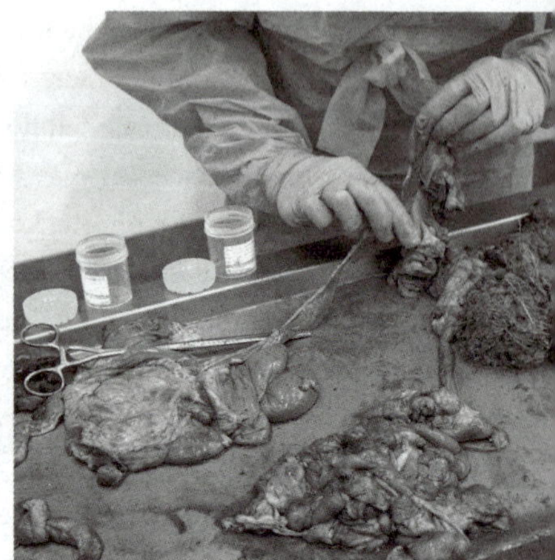

Links: Venus Pansen und der so wichtige Pansensaft.
Rechts: Beim Versuch, das Gedärm zu entwirren.

»Der Pansen und der Netzmagen fungieren als große innere Gärkammer«, erklärt Dr. Stoll. »Die dort lebenden Bakterien produzieren Enzyme, die das Gras in flüchtige Fettsäuren aufspalten, denn die Zellulose macht das Gras für Säugetiere unverdaulich.«

»Und was kommt nach dem Pansen?«

»Der Blättermagen, der Blätter wie ein Buch hat. Dort wird der Nahrungsbrei eingedickt, ehe er in den Labmagen wandert. Alles davor ist wie ein skurriler oberer Teil unseres Magens. Der Labmagen enthält Magensäure wie bei uns und erledigt die eigentliche Verdauung.«

Das Ganze ist umhüllt vom sogenannten Omentum, einer großen Fettmembran, die laut Dr. Stoll auf Zypern zur Herstellung einer leckeren Wurst verwendet wird, der Sheftalia. Da uns der Pansen mit seinen Bewohnern fehlt, ist Zellulose für uns ein Ballaststoff. Ballaststoffe sind zwar wichtig für die Darmbewegung, durchlaufen unseren Verdauungstrakt aber, ohne viel Energie zu liefern. Für Wiederkäuer hingegen sind sie die Hauptnahrungsquelle. Ziegen besitzen sozusagen eine körpereigene Farm. In ihrem Pansen züchten sie Mikroben, indem sie sie mit viel Gras füttern, damit sie wachsen, sich vermehren und die nahrhaften flüchtigen Fettsäuren produzieren. Diese wandern zusammen mit einer großen Portion Mikroben in den Labmagen, wo die Ziege ihre Ernte schließlich verdaut. Die Ziege frisst Gras, Mikroorganismen verdauen Gras, die Ziege verdaut Mikroorganismen.

Auf unserer Tour durch den Verdauungstrakt sind wir beim Darm angelangt. Sophie bietet mir einen Nachschlag Erkältungssalbe an, bevor sie ihn mit einer Schere aufschneidet. Der Inhalt von Venus Darm ist nicht flüssig wie der des Pansens. Inzwischen ist der Verdauungsbrei viel fester und identifizierbarer geworden.

Dr. Stoll schneidet zwei kleine Stücke aus Venus Darmwand, um sie später unter dem Mikroskop auf MAP-Bakterien zu untersuchen, den Erregern der tödlichen Paratuberkulose. Und das war's dann.

Als Venus in den Sektionssaal kam, wurde sie als potenzielle Biogefährdung eingestuft. Ihre Überreste dürfen daher die Klinik nur in Form von Asche und Rauch verlassen. Doch der Laborant bietet mir an, die Knochen einer speziellen Reinigung zu unterziehen, dann könnte ich sie in ein paar Wochen abholen. Ich überlege kurz: Wird man in Buttercups einverstanden sein, wenn ich Venus Knochen wieder zusammenfüge? Der Anblick eines Skeletts ist nicht so emotional belastend wie der eines Individuums, das man wiedererkennt, oder? Oh je, hoffentlich dient das nicht dazu, ihre schlimmsten Befürchtungen im Hinblick auf Künstler zu bestätigen.

Ich antworte: »Ja, das wäre toll, wenn es nicht zu viel Mühe macht.«

»Nein, gar nicht. Aber *Sie* werden vielleicht Mühe haben, das Skelett wieder zusammenzusetzen …«

Die Sache ist: Ich werde meine menschlichen Sorgen nicht überwinden, wenn ich mir alle paar Stunden Gedanken darüber machen muss, wo ich das nächste Schweizer Fonduerestaurant finde (und wie ich besagtes

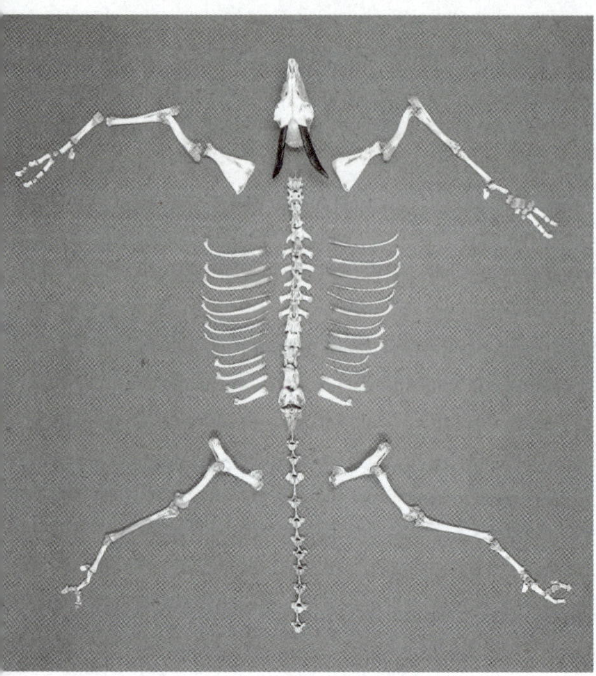

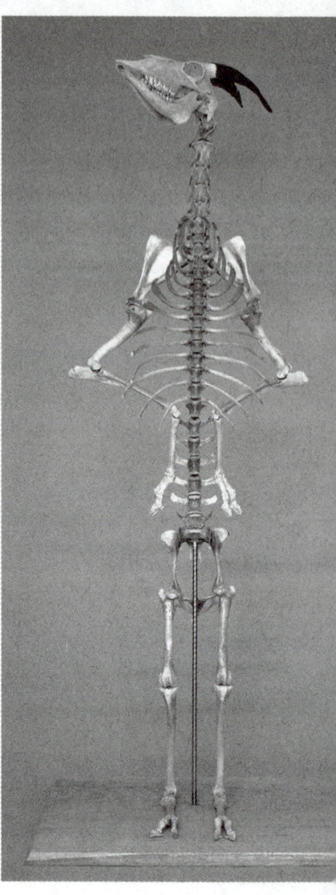

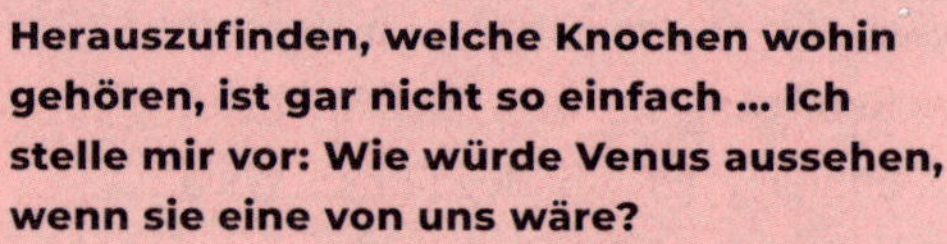

Herauszufinden, welche Knochen wohin gehören, ist gar nicht so einfach … Ich stelle mir vor: Wie würde Venus aussehen, wenn sie eine von uns wäre?

Fondue bezahlen soll). Also muss ich es irgendwie schaffen, Gras zu essen – und auch zu verdauen. Gras essen kann schließlich jeder. Während der Großen Hungersnot in Irland in den 1840er-Jahren boten die Verhungerten einen tragischen Anblick: Ihr Mund war oft ganz grün von dem Gras, das sie in der Not gegessen hatten, da uns Menschen die für die Verdauung von Zellulose erforderlichen Mikroben fehlen.

Wir haben natürlich unsere eigenen Mikroorganismen, Mikrobiom genannt, die im Darm leben und bei der Verdauung helfen. Meine erste Idee war, Mikroorganismen aus dem Verdauungstrakt der Ziege in meinen zu übertragen, und zwar mit der sogenannten fäkalen Mikrobiota-Transplantation. Dieses Verfahren wird üblicherweise eingesetzt, um das kranke Mikrobiom eines Patienten durch das einer gesunden Person zu ersetzen. Ich dachte, mit von Ziegen transplantierten Mikroorganismen in meinem Darm könnte ich Zellusose verdauen. Wenn es doch nur so einfach wäre, wie ein Einlauf mit Ziegenkot.

Durch Venus Sektion habe ich gelernt, dass bei Ziegen die Zellulose schon in verdauliche Bestandteile aufgespalten wird, *bevor* sie Magen und Darm erreicht, also jene Region, in der die Darmflora des Menschen angesiedelt ist. Ich brauche einen künstlichen Pansen – was eigentlich unmöglich scheint. Doch dann stoße ich auf eine Arbeitsgruppe an der Aberystwyth University. Ich spreche mit der Leiterin des Herbivore Gut Ecosystem Labors, Dr. Alison Kingston-Smith. Ihre Gruppe versucht die Abläufe im Pansen eines Wiederkäuers zu verstehen. Sie untersucht im Speziellen, wie Pflanzenzellen darauf reagieren, gefressen und verdaut zu werden. Das klingt nach einem Nischenthema, aber beim Gärungsprozess, den Pflanzen in Wiederkäuern durchlaufen, entsteht Methan, ein potentes Treibhausgas. Die Rülpser von Wiederkäuern in der Landwirtschaft sind die weltweit größte Quelle von Methan. Die Emissionen von Nutztieren machen rund 18 Prozent der globalen Treibhausgasemissionen aus, etwas mehr als alle Straßenfahrzeuge, Schiffe, Flugzeuge und Züge. Wenn man die Abläufe im Pansen versteht, könnte man das Gras oder das Gleichgewicht der Mikroorganismen dort verändern, um die Entstehung von Methan zu reduzieren oder zu verhindern. Außerdem möchte man die im Pansen ablaufende Umwandlung von Pflanzen in Fleisch effizienter machen. Wenn man bedenkt, dass sich die weltweite Nachfrage nach Fleisch bis 2050 verdreifachen wird, haben selbst kleine Veränderungen bei den Emissionen und der Effizienz des Pansens enorme Auswirkungen auf die Umwelt. Ich glaube, ich werde unter der Woche zum Vegetarier.

Nachdem ich Dr. Kingston-Smith die theoretische Grundlage *meines* Projekts in groben Züge erklärt habe, werde ich konkret.

»Ich dachte, ich könnte mir etwas Pansensaft besorgen …«

»Ja.«

»Und ihn in einen Gärbehälter geben, wie einen großen Beutel …«

»Ja.«

»Und Gras und Laub hinzufügen …«

»Ja.«

»Und dann die Pansenmikroben züchten …«

»Ja. Das ist mehr oder weniger das, was wir machen«, sagt Dr. Kingston-Smith. Sie klingt ganz fröhlich.

»Wunderbar! Dann bin ich auf dem richtigen Weg! Die Mikroben würden sich also vermehren, das Gras fermentieren …«

»Yep.«

»Und dann könnte ich mir den Beutel an den Körper schnallen, das durchgekaute Gras in die eine Öffnung spucken und die gezüchteten Mikroben mit den flüchtigen Fettsäuren wie einen Milchshake aus der anderen Öffnung saugen, damit ich sie in meinem richtigen Magen verdauen und wie eine Bergziege von Gras leben kann.«

Auf einmal klingt Dr. Kingston-Smith gar nicht mehr so fröhlich.

»Nein. Nein, das würde ich an Ihrer Stelle nicht tun.«

Es war alles so gut gelaufen. Als sie fortfährt, ist ihr Ton ernst.

»Ihr Vorhaben ist mit … Sicherheitsrisiken verbunden. Durch neue Sequenzierungsmethoden entdecken wir in der Pansen-Mixtur gerade alle möglichen Bestandteile, die wir dort nicht erwartet hätten. Und manche davon sind alles andere als harmlos. Wiederkäuer haben eine komplexe Mischung aus Bakterien, Pilzen, Protozoen und Archaeen entwickelt, viele unterschiedliche Arten von Mikroorganismen. Wir haben sie noch nicht in ihrer Gesamtheit erfasst.«

»Klar. Verstehe.«

»Da drin gibt es Hunderte und Aberhunderte unterschiedliche Spezies. In den vergangenen zehn bis fünfzehn Jahren hat man molekularbiologische Methoden eingesetzt, um herauszufinden, wie vielfältig die Populationsstruktur ist, und wir sehen jetzt, dass die Sache komplizierter ist, als wir gedacht hätten.«

»Klar.« Typisch.

»Und somit gibt es da drin noch furchtbar viele Unbekannte.«

»Ja …«

»Ja, und ich habe schon geahnt, dass Sie so etwas vorhaben, aber vom Sicherheitsstandpunkt aus würde ich *entschieden* davon abraten.«

Ich halte mich für eine ziemlich robuste Natur. Ich bin keiner, der vor einem kalkulierbaren Risiko zurückscheut, daher hätte ich normalerweise kein Problem damit, mir eine Flüssigkeit einzuverleiben, die aus dem Pansensaft einer Ziege gewonnen wurde. Schließlich ist die Säure in *unserem* Magen dazu da, Zellen anzugreifen und zu zersetzen, ob sie nun von Tieren, Pflanzen oder Bakterien stammen. Meine Magensäure würde alle Bakterien und anderen Mikroben, die sich in meinem künstlichen Pansen entwickelten, einfach verdauen. Der ganze Sinn eines Pansens besteht doch darin, perfekte Bedingungen für das Wachstum von Bakterien zu schaffen, die sich von Gras ernähren, damit der Magen dann diese und ihre Produkte verdauen kann.

Doch bei den Recherchen für meinen ersten gescheiterten Plan, mir selbst einen Einlauf mit Ziegenkot zu verabreichen, bin ich natürlich auf zahlreiche Geschichten von Menschen gestoßen, die an äußerst unangenehmen Darmkrankheiten litten, weil sie von irgendwelchen fiesen Bakterien kolonisiert wurden. Klar, wir Menschen essen zwar gern merkwürdige und wunderbare Produkte mikrobieller Fermentation – Joghurt, Sauerkraut, Kimchi, ganz zu schweigen von Alkohol –, und unsere Magensäure wird in der Regel mit den betreffenden Mikroorganismen fertig, aber manchmal ist sie eben überfordert (wie ich kürzlich feststellen musste, als ich mir ein Fischgericht aufwärmte, das schon ein paar Tage im Kühlschrank gestanden hatte). Ich konnte Dr. Kingston-Smiths Argument also nachvollziehen: Ich würde nicht nur riskieren, mir eine schwere Lebensmittelvergiftung zuzuziehen, sondern ein chronisches Darmleiden. Wie peinlich wäre es, wegen anhaltender Durchfallattacken beim Arzt zu erscheinen und ihm meine Geschichte erzählen zu müssen.

Die arme Venus wurde wahrscheinlich von einer Darminfektion dahingerafft. Dr. Stoll hatte die aus ihrem Darm entnommenen Gewe-

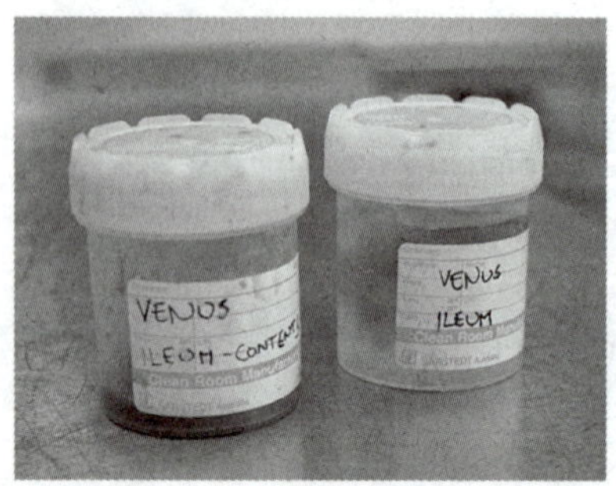

Die Gewebeproben aus dem Verdauungstrakt von Venus.

beproben mikroskopisch untersucht und festgestellt, dass die Darmwand verdickt war – ein Hinweis auf Paratuberkulose –, jedoch keine MAP-Bakterien, also Erreger dieser Krankheit, gefunden. Dennoch: *Möglicherweise* war es Paratuberkulose, aber Venus konnte auch an der Besiedlung ihres Darms mit einem unbekannten Erreger gestorben sein. Ich hätte natürlich versucht, mir Pansensaft von einer Ziege ohne erkennbare Infektion mit jenen Bakterien zu besorgen, die nach Einschätzung mancher Wissenschaftler die schmerzhafte und derzeit unheilbare Darmkrankheit Morbus Crohn verursachen. Aber mein fein ausbalanciertes Mikrobiom mit einem ganzen Spektrum neuer, auf Ziegen spezialisierter Bakterien zu versetzen, … Tja, die Folgen wären laut Dr. Kingston-Smith womöglich nicht harmlos gewesen.

Der Grund, warum manche Mikroorganismen sich von Gras ernähren können, ist, dass sie bestimmte Enzyme – Zellulasen – produzieren, die die schwer verdaulichen Zellulosemoleküle in verdauliche Zucker aufspalten. Eine Fähigkeit, die nicht nur für Ziegen nützlich ist. Zellulose ist Hauptbestandteil der pflanzlichen Zellwände, das in der Natur am häufigsten vorkommende Kohlehydrat. Es werden große Anstrengungen unternommen, daraus Biokraftstoffe herzustellen, also Faserabfälle aus der Landwirtschaft zu Zucker und dann zu Alkohol zu vergären. Ein experimentelles Verfahren vermischt Pflanzenabfälle mit gereinigter Zellulase, die aus dem Schlauchpilz *Trichoderma reesei* extrahiert wurde. (Auf den Pilz, der große Mengen Zellulase produziert, wurden Wissenschaftler der US-Army im Zweiten Weltkrieg aufmerksam, da er das Segeltuch ihrer Zelte auf den Salomon-Inseln zersetzte). Solche Biokraftstoffe sind eine große Hoffnung der Industrie. Im Augenblick sind die entsprechenden Enzyme allerdings noch zu teuer, als dass es sich wirtschaftlich lohnen würde.

Aus Mikroorganismen extrahierte Zellulasen werden auch in der Lebensmittelindustrie eingesetzt. Man vermischt sie mit dem faserigen Fruchtfleisch, das nach der Saftgewinnung übrig bleibt, um die Fasern in Zucker aufzuspalten und das letzte bisschen Frucht in leckeren, enzymatisch verflüssigten Saft zu verwandeln. Wenn es in der Lebensmittelindustrie verwendet wird, muss es unbedenklich für den menschlichen Verzehr sein, oder?! Ich könnte also diese gereinigte Zellulase in meinen künstlichen Pansen geben, wo sie das Gras, von dem ich mich in den Alpen ernähre, in Zucker spaltet. Das ist zwar nicht ideal – mein künstlicher Pansen würde nicht von selbst funktionieren, sondern wäre von der Zugabe dieses Enzyms abhängig –, bietet aber auch Vorteile. Vor allem würde ich mich nicht mit einem schlimmen Parasiten infizieren. Es wäre ungefähr so, als würde ich biologisches Waschpulver zu mir nehmen: Ich kann davon krank werden oder, wenn ich zu viel erwische, auch sterben, aber es nistet sich nicht in mir ein.

Das Zeug ist ziemlich teuer und als Industrieprodukt nur in großen Mengen erhältlich. Doch ich finde eine Firma, bei der ich weniger als 200 Liter beziehen kann, und das zu einem angemessenen Preis. Auf der Website heißt es, man beliefere ausschließlich Forscher, die an offizielle Einrichtungen angegliedert sind. Tja, irgendwie bin ich wohl ein Forscher; mein Forschungsgebiet mag unkonventionell sein und vermutlich nicht ganz das, was die Firma meint, aber wer bin ich, mir ein Urteil darüber anzumaßen, was Forschung ist und was nicht. Außerdem muss man nur durch das Ankreuzen eines Kästchens bestätigen, dass man forscht, und aus einer Liste den Namen einer Einrichtung auswählen. Das war's – ab in die Post damit.

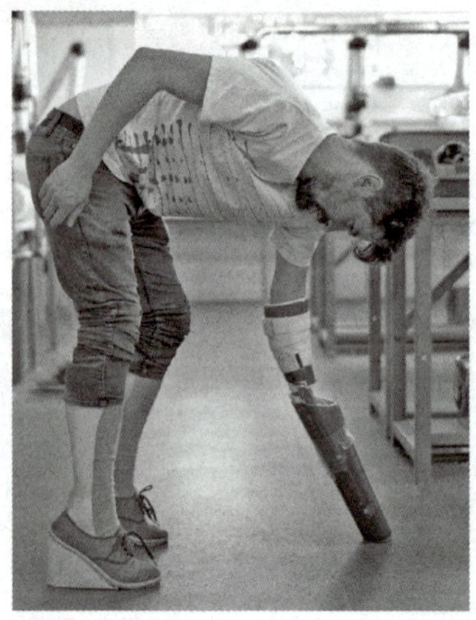

Hübsche Beine!

Derweil setze ich meine Reisevorbereitungen fort: Ich nehme Kontakt zu Ziegenbauern auf, versuche eine Route über die Alpen auszuarbeiten und gieße meinen künstlichen Pansen aus Silikon. Es ist ein u-förmiger Sack mit zwei Röhrchen: In das eine will ich das gekaute Gras spucken, und aus dem anderen werde ich hoffentlich ein zuckriges, enzymatisch abgebautes Produkt saugen. In der Mitte befindet sich außerdem ein Behälter für die Zellulase.

Auf einmal geht alles ganz schnell. Dr. Heath meldet sich, um mir mitzuteilen, dass meine Beine so gut wie fertig sind, ob ich für die letzte Anprobe vorbeikommen könne? Ich springe in den Zug. Sie sind nicht ganz das, was ich erwartet habe, aber ich schlüpfe trotzdem mit den Armen hinein. Die Vorderbeine wirken solide; die Fuß-Knöchel-Orthesen für die Hinterbeine erinnern an Schuhe mit Keilabsatz, was sie im Grunde auch sind.

Hinten sehe ich aus wie ein Crossdresser, vorne wie ein beinamputierter Soldat aus dem Zweiten Weltkrieg, aber es funktioniert. Ich kann in bester Vierfüßermanier in der Werkstatt herumtrampeln! Ohne Einsatz der Hände sind die Prothesen schwer auszuziehen. Als Dr. Heath zu einem Meeting muss, bin ich auf mich selbst gestellt, sozusagen gefangen in der Gestalt einer Ziege. Ich werde hungrig, und auf dem Werktisch liegt ein Schokoriegel, an den ich nur herankomme, indem ich das eine Ende mit den Zähnen packe und heftig schüttle, sodass der Riegel quer durch den Raum geschleudert wird. Um ihn vom Boden aufzuheben, beuge ich die Handgelenke und lege meine neuen Vorderbeine flach auf den Boden, dann schiebe ich den Riegel mit den Lippen in eine Position, in der ich ihn mit den Zähnen greifen kann. Klar, mit einem längeren Hals wäre es leichter, aber ich kriege es gerade so hin. Als Dr. Heath zurückkehrt und sieht, wie ich mich abmühe, hebt er automatisch den angeknabberten Schokoriegel auf, der noch halb in der Verpackung steckt, und füttert mir den Rest aus der Hand. Ich fühle mich ungeheuer ziegisch.[8]

Nach den letzten Anpassungen danke ich Dr. Heath und Geoff, die mir alles Gute für die Reise wünschen.

»Passen Sie bloß auf sich auf«, gibt Geoff mir mit auf den Weg.

Das Abreisedatum rückt näher, und ich arbeite bis tief in die Nacht an einer Art Stützkorsett sowie neuen Hinterhufprothesen, die weniger wie Frauenschuhe aussehen, robuster sind und mehr Energie zurückgeben. Außerdem muss meine Mutter mir eine Regenjacke nähen, die über meine Ziegenmontur passt, wenn sie nicht will, dass ich bei Sturm und Regen in den Alpen erfriere. Da das erste Modell aus pinkfarbenem Polyester den Crossdressing-Effekt eher verstärkt, bitte ich sie, etwas zu fertigen, was farblich eher der Ziegenpalette entspricht.

Mein Fläschchen mit Zellulase trifft ein und ich deponiere es gemäß Aufbewahrungshinweis im Kühlschrank. Außerdem steht da, es sei *nicht* für den menschlichen Verzehr bestimmt. Will man sich damit nur absichern, frage ich mich? Umgehend schicke ich eine E-Mail an den Lieferanten, in der ich einige Aspekte meines Vorhabens schildere und mich erkundige, welche Konzentration er für die Verdauung von Gras empfehlen würde und so weiter.

Ich erhalte eine kurze, steif formulierte Antwort, die folgendermaßen beginnt: »Sie sollten unter keinen Umständen ausprobieren, was Sie in unten stehender Nachricht andeuten.« Weiter heißt es, dass mein Vorhaben aus einer Vielzahl von Gründen (die nicht näher erläutert werden) erhebliche Gesundheitsrisiken bergen könne. Außerdem sei

8 **Bäääääääh!**

ich, anders als behauptet, nicht an eine Einrichtung mit verbindlichen und umfassenden Gesundheits- und Sicherheitsrichtlinien angegliedert, daher soll ich das Enzym sofort entsorgen, indem ich es mit reichlich Wasser in den Ausguss kippe oder in der Toilette hinunterspüle.

Am nächsten Tag schreibt mir der Wellcome Trust. Der Lieferant des Enzyms hat sich mit ihm in Verbindung gesetzt, und dort ist man zutiefst besorgt. »Der Trust wird Sie nicht weiter unterstützen, wenn Sie das Vorhaben gegen die ausdrückliche Empfehlung von Fachleuten durchführen«, heißt es in der Mail. Außerdem hätte ich gegenüber dem Lieferanten von Ziegen und nicht wie in der Bewerbung angegeben von Elefanten gesprochen … »Ich wäre Ihnen dankbar, wenn Sie den Erhalt dieser E-Mail bestätigen und die Situation baldmöglichst klären könnten.« Ich soll das Ganze vorerst auf Eis legen und zu einer Besprechung kommen.

Ach, klar. Der Wellcome Trust denkt immer noch, dass es in meinem Projekt um Elefanten geht. Ich hatte ganz vergessen, ihm von meiner Ziegen-Erleuchtung zu berichten. Verdammt. Da meine Reise in die Alpen schon in wenigen Tagen beginnen soll, sind das schlechte Nachrichten. Ich kann mir nicht so recht erklären, warum ich nicht daran gedacht habe, die Leute, die mir die Finanzierung eines Elefantenprojekts zugesichert haben, darüber zu informieren, dass es sich nun um ein Ziegenprojekt handelt. Ich glaube, es liegt daran, dass Annettes Worte mir einfach so richtig erschienen. Oder vielleicht bin ich unbewusst dem Rat des deutschen Regisseurs Werner Herzog gefolgt, dass es besser ist, um Vergebung als um Erlaubnis zu bitten.

Ich bereite eine Präsentation vor, in der ich begründe, warum es aus künstlerischer, spiritueller und intellektueller Sicht besser ist, sich in eine Ziege als einen Elefanten zu verwandeln. Obwohl es gut zu laufen scheint, bestehen beim Wellcome Trust weiterhin Zweifel, und ich soll alles ruhen zu lassen, bis man mit dem Ausschuss besprochen habe, ob das Projekt auch ohne Elefanten unterstützt werden kann.

Ach je. Das hätte zu keinem ungünstigeren Zeitpunkt kommen können. Jetzt alles auf Eis zu legen geht schlicht und ergreifend nicht. Seltsamerweise hat ein Medienunternehmen bei mir angefragt, ob ich daran interessiert sei, Youtube-Inhalte für eine globale Getränkemarke zu erstellen. Würde der Versuch, eine Ziege zu werden, um sich eine Auszeit vom existenziellen Leiden am Menschsein zu nehmen, im Einklang mit ihren Markenwerten stehen? Wenn es bedeutet, dass ich dadurch das Projekt zu Ende führen kann, würde ich mich wohl selbst vermarkten. Auch wenn ich Bauchschmerzen dabei hätte.

Doch der Wellcome Trust meldet sich wieder. Ich soll auf das problematische Enzym verzichten und sie *bitte* informieren, falls ich weitere grundlegende Änderungen vornehme, aber wir sind wieder im Spiel.

Nur, wie soll ich ohne Zellulase Gras verdauen? Als letzten Ausweg kaufe ich einen Schnellkochtopf aus Armeebeständen, den man hoffentlich auf einem Lagerfeuer benutzen kann. Bei meinen Nachforschungen darüber, welche Methoden die Biokraftstoffindustrie entwickelt, um Zellulose zu spalten, habe ich von einem Verfahren gelesen, das sich »Dampfexplosion mit Säurehydrolyse« nennt. Dabei wird Pflanzenmaterial zunächst in einer Hochdruckkammer erhitzt, der Druck dann rasch gesenkt und das Material anschließend mit verdünnter Säure erhitzt. Das Verfahren ist nicht praxistauglich, weil die Zuckerausbeute gering ist und zum Aufheizen Kraftstoff benötigt wird. Für mich ist es aus denselben Gründen nicht ideal, aber ich bin irgendwie verzweifelt. Mein neuer Plan ist, Gras zu kauen und es in meinen »Pansen« zu spucken, während ich tagsüber über die Wiesen streife. Abends will ich das gesammelte Gras im Schnellkochtopf auf dem Lagerfeuer mittels Dampfexplosion und Säurehydrolyse verarbeiten, um es essen und verdauen zu können. Nicht perfekt, aber Simon macht in seinem Rucksack Platz für den Topf. Die Schweizer Alpen rufen.

5 Ziegenleben

Ziegenleben

BANNALPSEE, WOLFENSCHIESSEN, SCHWEIZ

(sonnig, aber kalt)

Ahhh, die Schweiz. Heimat dubioser Bankgeschäfte, der Hälfte des weltgrößten Teilchenbeschleunigers, der emigrierten Trapp-Familie aus *The Sound of Music* und eines Ziegenhofs hoch oben in den Alpen, mit dem ich schon über E-Mail kommuniziert habe.

Ich habe vor, erst eine Weile als Ziege mit den Ziegen herumzuhängen und ihre Gewohnheiten kennenzulernen, ehe ich mich, um die Vorgaben des Stipendiums zu erfüllen und die Unstimmigkeiten mit dem Wellcome Trust hoffentlich aus dem Weg zu räumen, an die Alpenüberquerung wage.

Meine große Hoffnung ist, dass ich mich innerlich wie äußerlich verändern werde, wenn ich neben den Ziegen herlaufe, esse, was sie essen, und einfach mit ihnen zusammen bin.

Etwas nervös macht mich allerdings, dass ich meinen Aufenthalt auf dem Ziegenhof vereinbart habe, ohne zu erwähnen, was ich dort zu tun gedenke, nämlich mich ausgerüstet mit Vierfüßerprothesen unter die Ziegen zu mischen. Wegen der Sprachbarriere war schon das Buchen schwierig. Die Bauersleute meinten, ihr Englisch sei miserabel, aber mein Schwyzerdütsch ist noch schlimmer. Für den Mailverkehr nahm ich Onlineübersetzer zu Hilfe, doch dabei kamen manchmal seltsame Ergebnisse heraus, sodass ich mich scheute, sie bei einem dif-

Laut World Happiness Report der UNO ist die Schweiz eines der glücklichsten Länder der Welt.

fizilen Anliegen einzusetzen – wie der Frage: »Kann ich auf Ihren Hof kommen und Gras essen und bei Ihren Ziegen schlafen?«

Um fünf Uhr morgens hatten wir uns an der London Bridge getroffen, Simon, Tim – der Fotos machen würde – und ich. Jetzt haben wir gerade noch die letzte Seilbahn hinauf zu einer Alp erwischt. Die generelle Unzulänglichkeit meiner Kommunikation mit dem Ziegenbauern zeigt sich rasch. Oben angekommen ist von einem Ziegenhof nichts zu sehen. Es geht nur noch weiter den Berg hinauf. Laut Google-Übersetzer befindet sich der Ziegenhof oben auf der Alp, und ich dachte, die Seilbahn würde uns dorthin bringen. Ganz eindeutig nicht. Wir werden zu Fuß gehen müssen. Allerdings ist der einzige Weg, den ich sehe, ein Zickzackpfad, der über eine extrem steil wirkende Geröllhalde verläuft. Na schön, uns bleibt ja nichts anderes übrig. Wir überqueren gerade einen Damm, der einen wunderschönen Bergsee aufstaut, als uns ein Mann entgegenkommt. Er sieht uns komisch an, und ich spre-

Der Schweizer beharrt darauf, dass ein Koffer nicht die richtige Bergsteigerausrüstung ist.

che langsam und laut, als ich ihn auf Englisch frage, ob es hier zu dem Bergbauernhof oben auf der Alp gehe.

Ja, entgegnet er, aber mit dem hier kommen Sie da nie rauf. Er meint meinen großen Rollkoffer, das kleinste Gepäckstück, in dem ich meine Ziegenbeine und den Rest unterbringen konnte. Simon und Tim tragen große Rucksäcke mit Ausrüstung, Proviant und Kleidung. Der Mann erklärt, es gebe zwei Wege, um zu dem Hof zu gelangen: einen langen, leichteren oder einen kürzeren, aber nur für Kletterer geeigneten. Er warnt uns eindringlich, dass wir umkommen werden, wenn wir es mit unserem Gepäck versuchen, oder zumindest über Nacht auf der Bergflanke festsitzen. Wir kehren mit ihm zu der kleinen Seilbahnstation zurück, wo er in die Gondel steigt und … da zieht sie

Irgendwo da oben liegt unser Ziegenhof.

Links: Bei der Verladung unseres Gepäcks. Rechts: Endlich, der Ziegenhof!

dahin, die letzte Gondel nach unten. Wir bleiben zurück im schwindenden Licht, umgeben von einer friedlichen Szenerie auf halbem Weg zu einer Alp.

Wieder einmal bin ich erbärmlich schlecht vorbereitet mit meinem Freund Simon auf einem Berg gelandet.

»Gut, uns bleibt nichts anderes übrig. Wir müssen unser Gepäck einbuddeln und hinaufwandern, ehe es dunkel wird.«

Simon fängt zu murren an. Ich sehe mich nach einem geeigneten Ort zum Graben um, als wie aus dem Nichts ein anderer Schweizer auftaucht, ein kleiner Mann mit Hut. Als ich ihm von unserer misslichen Lage erzähle, scheint er mich zunächst nicht zu verstehen. Doch dank meiner hervorragenden gestischen Kommunikation fällt der Groschen, und er lächelt vergnügt und bedeutet uns mit einem Winken, ihm auf einem versteckten Pfad weg vom See zu folgen. Am Ende des Pfads erwartet uns eine weitere Seilbahn, die allerdings ziemlich klapprig wirkt. Die »Gondel« besteht aus einer offenen Holzwanne, und die Seile verlaufen extrem steil in Richtung Gipfel. Wieder lächelt er, deutet auf mich und wackelt mit dem Finger, deutet auf unser

Gepäck und nickt mit dem Kopf, und weg ist er, verschwindet mit tänzelnden Schritten so schnell im Dunkel des Bergwalds, wie er aufgetaucht ist.

Wir laden das Gepäck in die Wanne und machen uns zu Fuß auf den Weg. Wahrscheinlich wird die Gepäckseilbahn von oben bedient, wohin wir selbst gelangen müssen, bevor es Nacht wird. Wie versprochen ist der Weg steil, besonders der Zickzackweg über den Geröllhang, aber nach etwa einer Stunde erreichen wir ein Plateau und steuern auf drei Gebäude zu. Das muss der Ziegenhof sein.

Vielleicht liegt es nur an der Sprachbarriere, vielleicht ist es einfach ihre Art, jedenfalls wirken die drei Ziegenbauern – Sepp, seine Frau Rita und eine Hilfskraft – reserviert. Ich dagegen bin total aufgedreht und plappere hundert Wörter, wenn sie eins sagen, bringe aber vermutlich trotzdem nicht mehr Informationen rüber. Ich bin nervös, weil ich irgendwann die Katze aus dem Sack lassen und den Zweck unseres Besuchs verraten muss.

Der Hof bietet Übernachtungsmöglichkeiten für Bergwanderer an, und ich will ja auch in den Bergen wandern, aber ich muss ihnen sagen, dass ich vorhabe, auf vier Beinen zu laufen, und zwar mit ihren Ziegen. Die Schweizer sind nicht gerade für ihre Aufgeschlossenheit gegenüber Unkonventionellem bekannt. Und auch wenn es ein Klischee ist, glaube ich nicht, dass Bergbauern sich für experimentelles zeitgenössisches Design begeistern.

Ich gebe Sepp zu verstehen, dass wir unser Gepäck in die Holzwanne weiter unten gelegt haben. Sepp nimmt es mit einem Nicken zur Kenntnis und verschwindet im Haus. Uns selbst überlassen sehen wir uns ein bisschen um. Es ist ein herrliches Fleckchen Erde: ein Grasplateau zwischen dem schroffen Bergmassiv, das hinter der Alp aufragt, und einem schwindelerregenden Abhang ins Tal. Allerdings kann ich keine Ziegen entdecken.

Irgendwo springt ein Motor an, und die großen Räder der Seilbahn ziehen das Seil und die Holzwanne den Berg herauf. Als die Wanne oben ankommt, taucht Sepp wieder auf, und wir laden unser Gepäck aus. Beiläufig frage ich, wo die Ziegen sind. Er nickt zu einem großen Stall.

»Cool«, sage ich. »Dort bleiben sie also über Nacht?«

Er nickt.

»Und wo werden wir schlafen?«

Er nickt zu dem großen Stall.

»Perfekt«, sage ich, und wir folgen Sepp hinein. Der Schlafplatz befindet sich auf einem Zwischengeschoss über dem Ziegenstall (einer Art Heuboden, nehme ich an), und der Raum ist erfüllt vom Scheppern der Ziegenglocken und dem ziemlich strengen Geruch der Herde unten. Ideal. Wir richten uns ein und machen uns allmählich Gedanken ums Abendessen. Tim und Simon haben nicht vor, Gras zu essen, und ich, na ja, ich bin ja noch keine Ziege. Sepp hat in einem überdachten Bereich neben dem Haus Feuer gemacht, und wir gesellen uns zu ihm.

»Wow, ein holzbefeuerter Brotbackofen! Raffiniert, Sepp! Können wir auch dazukommen und uns etwas kochen? Super, danke … Und, schönes Wetter? Nein? Den ganzen Sommer geregnet? Ach, was für ein Jammer. Es wird ganz schön kalt. Frost? Ja, vermutlich. Deshalb sind die Ziegen im Stall? Ja, dachte ich mir. Ich nehme an, ihr lasst sie morgen früh wieder raus, damit sie durch die Berge streifen können? Nein? Oh.«

Sepp erklärt, hier oben sei es allmählich zu kalt, sie würden nicht mehr genug Gras finden, und bald würde es zu schneien anfangen. Morgen würden sie die Ziegen von den Bergweiden, auf denen sie in den warmen Sommermonaten grasen, zum Überwintern hinunter ins Tal treiben. Schon seit rund 5.000 Jahren ist dies die traditionelle Art, Ziegen in den Alpen zu halten.

Gut. Ich muss Sepp fragen, ob er mich auch hinuntertreibt, eine etwas unangenehme Frage an einen Mann, mit dem man gerade am Lagerfeuer sitzt.

Links: Scheppernde, streng riechende Zimmergenossen.
Rechts: Unser Gastgeber Sepp hat den Brotbackofen angefeuert.

»Das mit dem Ziegenabtrieb klingt wirklich interessant, Sepp. Könnten wir da vielleicht mitkommen? Von dir aus gern? Super. Und die Sache ist die, Sepp, ich mache da so ein Projekt. Und na ja, ich hatte gehofft, ich könnte mich unter die Ziegen mischen. Auf vier Beinen. Sozusagen als eine deiner Ziegen. Wenn du verstehst, was ich meine?«

Wie ich sehe, neigt Sepp nicht zu Gefühlsausbrüchen, denn nach ein paar Rückfragen, um sich zu vergewissern, dass er mich richtig verstanden hat, verlagert er nur sein Gewicht und streicht sich nachdenklich über den Bart, während er in aller Ruhe darauf wartet, dass der Backofen heiß genug ist.

»Wir brechen ziemlich früh auf«, meint er.

»Ist mir recht. Großartig!«, entgegne ich. »Um welche Uhrzeit?«

»Vier Uhr.«

»Gut, das passt, großartig.«

»Wir gehen … recht zügig«, warnt er.

»Yep, das ist schon in Ordnung. Wir versuchen einfach mitzuhalten!«

»Wir laufen … schnell runter.« Er winkelt seinen Arm ab.

»Steil? Ja, auf dem Herweg war es steil. Ich muss einfach schauen, wie ich mithalten kann, und wenn es nicht geht, dann ist das ganz allein mein Problem, Sepp, du brauchst dir um uns überhaupt keine Sorgen zu machen.«

»Einverstanden«, meint Sepp. Er wünscht uns eine gute Nacht und geht ins Haus, um der Hilfskraft zu sagen, dass der Ofen heiß genug ist. Das war's. Es läuft.

Wir erwachen vor der Dämmerung. Obwohl es noch dunkel ist, sind die Ziegen, mit denen wir uns den Stall teilen, auch schon munter. Ihre Glocken, die während der eiskalten Nacht verstummt sind, scheppern wieder. Die Ziegen werden unruhig.

Wir hören, dass Sepp draußen herumwerkelt, und gehen nachsehen, was er macht. Er sagt uns, er melkt noch die Ziegen, bevor wir aufbrechen, und verschwindet in unserem Stall.

Sepp und Rita haben eine Herde von etwa sechzig Pfauenziegen (nein, auch ich kann keinerlei Ähnlichkeit mit Pfauen feststellen). Ich frage mich, wie lange es dauern wird, bis er die alle gemolken hat. Wir folgen Sepp in den Stall, wo die Ziegen bereits in einer Reihe aufgestellt sind. Sie strecken, von ihrem Frühstück angelockt, die Köpfe durch die Öffnungen in einem speziellen Gatter. In dem dämmerigen Stall wird es schlagartig hell, als ein Generator anspringt und Neonlampen zu flackern beginnen, und aus Lautsprecherboxen erklingt der zuckersüße Pop-Hit »Baby Love« aus den 1960-ern, was leicht surreal wirkt. Eingelullt von »Oooh-ah-oooh, baby love, my baby love!« mampfen die Ziegen friedlich vor sich hin. Sepp und die Hilfskraft gehen die Reihe entlang und stülpen die Melkbecher der Melkmaschine nacheinander über die Zitzen der Ziegeneuter. Simon kann es sich nicht verkneifen darüber zu witzeln, dass Sepp die Melkbecher gleich an meine Nippel anschließen wird. Ich werde mich auf gar keinen Fall melken lassen.

Links: Ich schraube vor dem Morgengrauen meine Ziegenbeine zusammen.
Unten links und rechts: Mensch, Maschine und Ziege.

(Wie sollte das überhaupt funktionieren? Aber wir wollen diese Frage lieber nicht weiterverfolgen.) Allerdings sollte ich mich allmählich umziehen, denn Sepp und die Hilfskraft sind im Melken so geübt, dass sie bald fertig sein werden.

Ich mache mich daran, meine Ziegenmontur anzulegen: zuerst den Brustschutz, dann meinen zeitverzögert arbeitenden künstlichen Pansen, die von meiner Mutter genähte Regenjacke, meine Energie zurückgebenden Hinterbeine, meinen Sturzhelm und schließlich meine Vorderbeinprothesen.

Es war nicht ganz das, was ich mir vorgestellt hatte. Manche Teile hatte ich einfach nicht hinbekommen, vor allem Ziegenaugen. Ich hatte mich ausführlich mit einem Optikingenieur darüber beraten, wie sich meine Augen an die Kopfseite verlegen ließen, um mein Gesichtsfeld auf das einer Ziege zu erweitern, aber es nicht ganz einfach, das Licht auf die erforderliche Weise umzulenken. Eine Möglichkeit wäre eine an eine Weitwinkelkamera gekoppelte Videobrille gewesen, wofür man allerdings Batterien gebraucht hätte (was ich vermeiden wollte), eine andere ein System aus Glasprismen und Linsen, die extrem groß hätten sein müssen, um das 320-Grad-Sichtfeld der Ziegen zu bieten. Ein etwas kompakteres Prismensystem wäre bei einem Hersteller hoch entwickelter Periskope für Panzer erhältlich gewesen. Da ich jedoch nicht in der Rüstungsindustrie tätig bin, lehnte man mit Verweis auf die restriktiven internationalen Bestimmungen beim Verkauf hoch entwickelter Rüstungsgüter die Zusammenarbeit mit mir ab. Jetzt auf der Alp war ich ganz froh, dass ich die Anpassung meiner Augen nicht weiterverfolgt hatte, denn wenn ich auf diesem gefährlichen Terrain auf vier Beinen herumlief, sollte meine Sehfähigkeit besser durch nichts beeinträchtigt sein.

Ich hatte mich auf das Dasein als Vierbeiner vorbereitet, indem ich in der Prothetik-Klinik und bei mir zu Hause endlos herumgelaufen war. Aber dort war der Untergrund flach und eben gewesen, während die Alpen genau das nicht sind. Als ich den etwas weiter oben liegen-

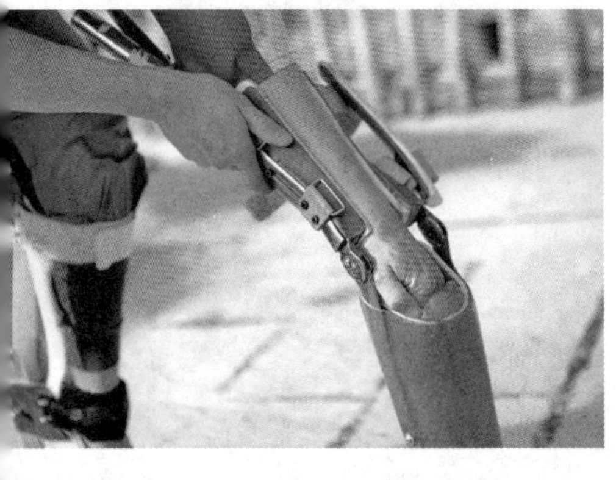

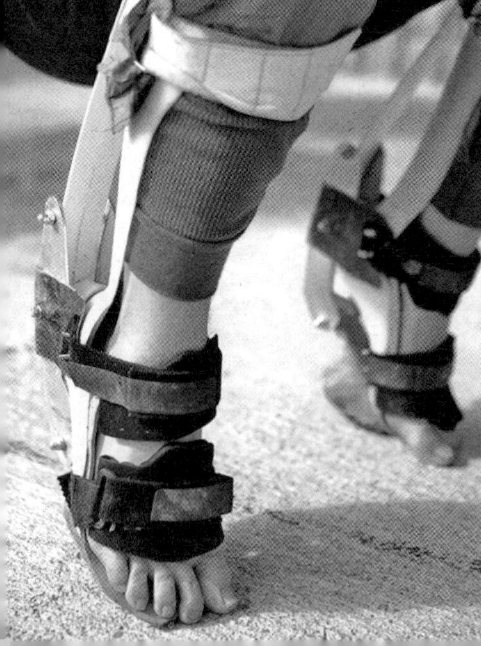

den betonierten Pferch verlasse, in dem ich mich umgezogen habe, stelle ich rasch fest, dass es extrem schwierig ist, auf vier Beinen bergab zu gehen. Schon ein leichtes Gefälle bedeutet Schwerstarbeit. Mit größter Mühe und voller Angst, dass meine Vorderbeine auf dem nassen Fels wegrutschen, stolpere ich den Abhang hinunter Richtung Stall. Rita, die diese kurze Demonstration meines Könnens als Ziege beobachtet hat, kommt aus dem Haus, sichtlich amüsiert über den (seien wir ehrlich) vollkommen lächerlichen Anblick eines Engländers, der es extrem schwierig findet, eine Bergziege zu sein.

»Sehr gut – ha, ha, ha, ho, ho, ho. Aber sie sind schnell, Thomas. Du solltest nicht warten. Geh gleich los, sie holen dich dann schon ein. Den Felsenpfad runter laufen sie richtig flott, und sie sind aufgekratzt, das kann gefährlich für dich werden, wenn du ihnen im Weg stehst. Schau, dass du zum See kommst, da ist es flach.«

Gut, dann starte ich mit einem Vorsprung. Ich mache mich auf den Weg, aber Mann, das ist echt schwer. Um den Hof herum ist das Gelände wellig. Auf ebenem oder leicht ansteigendem Untergrund kann ich einigermaßen laufen, wenn auch mit viel Unbehagen. Tatsache ist jedoch, dass es zu den Winterweiden im Tal *bergab* geht. Und schon bei leichtem Gefälle werden meine Arme aufs Äußerste strapaziert. Dr. Heath und Geoff haben meine Prothesen so ausgelegt, dass auf ebenem Boden etwa 60 Prozent meines Gewichts auf den Vorderbeinen liegen, aber bei abfallendem Gelände lastet auf der Vorderpartie zunehmend mehr Gewicht. Und wenn ich ein Vorderbein vom Boden abhebe, um einen Schritt zu machen, muss der andere Arm das gesamte Gewicht tragen. Im Grunde absolviere ich einarmige Liegestütze bergab. Wie meine Freundin sicher bestätigen würde, bin ich fast so stark wie ein Ochse, doch mir wird klar, dass das nicht reichen wird, außer der Weg bergab beinhaltet viel Bergauflaufen.

Rita ruft mir hinterher (allzu laut braucht sie nicht zu rufen; als ich durch meine Beine zurückschaue, stelle ich fest, dass ich erst eine deprimierend kurze Strecke zurückgelegt habe): »Thomas! Du bist zu

langsam! Runter zum See mit dir! Du musst den Steilpfad verlassen haben, wenn sie kommen!«

Rita meint den Pfad, vor dem man uns gestern gewarnt hat, er sei mit Gepäck nicht zu bewältigen: ein steiler Zickzackweg aus Geröll und losen Felsbrocken mit einem Bach/Wasserfall in der Mitte.

Oh, Gott! Ich schwitze jetzt schon, und meine Fingerknöchel tun allmählich richtig weh, obwohl sie auf Dr. Heaths spezielle Silikon-Gel-Polster für Prothesen gebettet sind. Ich beschließe, Ritas Rat zu befolgen und den Zickzackweg hinter mich zu bringen, bevor die Ziegen kommen, denn einer aufgeregten Ziegenherde will ich nun wirklich nicht im Wege stehen. Und so erfinde ich einen halb zwei- und halb vierfüßigen – oder eher dreifüßigen – Gang. Mit einer Mischung aus seitwärts auf vier und vorwärts auf zwei wackeligen Beinen, wobei ich mich zur besseren Stabilität mit einem dritten Bein seitlich abstütze, schaffe ich es, mal rückwärts, mal vorwärts den lebensgefährlichen Pfad hinter mich zu bringen. Als ich fast unten am See bin, schallt Ritas Stimme ins Tal: »Sie kommen!«

Ich drehe mich um und schaue den Hang hinauf, und da sehe ich Sepp und die Hilfskraft an der Spitze einer Kolonne aufgeregter Ziegen. Sobald sie die Engstelle oben an der Brücke passiert haben, gibt es kein Halten mehr, und sie strömen fast wie der Bach den Berg hinab. Ich verliere keine Zeit. Am Fuß des Hanges schlage ich den Weg am See entlang ein, so schnell mich meine vier Beine tragen. Was nicht sehr schnell ist. Ich bin noch nicht weit gekommen, als die erste Ziege der Herde, in die ich mich integrieren möchte, schnell an mir vorbeiprescht, danach trottet sie langsam weiter. Eine weitere überholt mich

in flottem Trab, gefolgt von noch einer und noch einer, und schließlich kommt die Hilfskraft mit langen Schritten, wedelt mit dem Stock und treibt uns Ziegen laut an: »Chumm jetze! Chumm jetze!«

Die Reaktion der anderen Ziegen auf mich ist nicht sehr ermutigend. Sie drängen sich hinter mir zusammen, während ich mich scheppernd und schnaufend vorwärtsschleppe, bis sich eine an mir vorbeitraut. Immer häufiger werde ich von Ziegen überholt. Ich stolpere voran und bemühe mich verzweifelt, Schritt zu halten, aber als ich zu traben versuche, strauchle ich und kann gerade noch verhindern, mit dem Gesicht auf das Geröll zu schlagen. Eine Aussicht, die umso schlimmer ist, da mein natürlicher Instinkt, mein Gesicht nicht über den Boden schrammen zu lassen, dadurch gehemmt ist, dass an meine Unterarme zwei Vorderbeine geklettet sind.

Der Hauptteil der Herde schwärmt vorbei, gefolgt von einigen Nachzüglern und schließlich von Sepp, der die Nachhut bildet.

»Zu laaangsam«, kommentiert er im Vorbeigehen. Schweiß tropft von meiner Nasenspitze. Meine Arme brennen wie Feuer, und ich spüre meine Fingerknöchel nicht mehr, an denen vermutlich nicht mehr allzu viel Haut übrig ist. Ich kann nur zusehen, wie die letzten Ziegen den Pfad am anderen Ende des Sees entlangtrotten, über die Dammböschung springen und verschwinden.

Obwohl ich weiß, dass es sinnlos ist, kämpfe ich mich noch ein paar Meter weiter. Das Blöken der Herde verhallt, und dann bin ich die einzige Ziege weit und breit, eine einsame Geiß hoch oben auf einem Berg. All die Bedenken von Professor Hutchinson und Dr. Heath und Geoff werden mir schmerzlich bewusst. Ich habe vielleicht 750 Meter mit den echten Ziegen mitgehalten … Sagen wir einen Kilometer. Nicht gerade toll, ich weiß. Aber geneigter Leser, solange Sie nicht selbst einmal einen Kilometer mit einarmigen Liegestützen zurücklegen mussten, umringt von flink dahinspringenden, aufgekratzten Ziegen, steht Ihnen wohl keine Kritik zu. Wahrscheinlich liegt es nur an meiner Enttäuschung, dass ich so defensiv klinge. Einen Moment lang

Mein kurzer Hals wird mir wieder einmal zum Verhängnis.

hatte ich das Hochgefühl gespürt, Teil der Herde zu sein, doch dieser Moment war allzu schnell vorübergegangen.

Da keine Ziegen mehr in der Nähe sind, die mich sehen könnten, mache ich etwas sehr Unziegenhaftes. Ich setze mich auf einen Felsen und denke über meine Situation nach.

Mir bleibt ganz offensichtlich nichts anderes übrig, als es langsam angehen zu lassen und den Abstieg zur Winterweide auf meine Art zu bewältigen. Ich fühle mich etwas entspannter, als ich gemächlich dahintrotte und nicht mehr versuche, mit den Ziegen mitzuhalten, und so komme ich langsam, aber sicher voran. Ich laufe noch einen oder zwei Kilometer am See entlang, ehe ich den langen Erddamm überquere und den Weg ins Tal einschlage.

Erst Stunden später komme ich unten an und sehe eine – hoffentlich meine – friedlich grasende Ziegenherde auf der Wiese neben einem einsamen Bauernhof. Da ich nicht von einem Schweizer Bauern erschossen werden will, der denkt, irgendein merkwürdiges Mensch-Ziegen-Untier will seine Ziegen belästigen, halte ich es für das Beste, höflich im Haus nachzufragen. Der Bauer, Tomas, öffnet die Tür, aber Sepp ist auch da und extrem überrascht, mich und meine beiden Begleiter zu sehen. Ich sage, dass ich mich gerne wieder der Herde anschließen würde. Sepp verweist mich an Tomas: »Hier unten sind es seine Ziegen.«

»Von mir aus gern«, meint Tomas.

Nachdem ich mehrere Elektrozäune überwunden habe, geselle ich mich zu den Ziegen auf den Hängen ihrer neuen Weide, wo so saftiges grünes Gras wächst, wie es sich eine Ziege nur wünschen kann. Und so, geneigter Leser, führe ich nun endlich das Leben einer Ziege.

Ahhhh, das Ziegenleben. Es besteht daraus, zu einem Fleckchen Gras zu spazieren und ungefähr fünf Minuten lang davon zu fressen. Dann zu einem anderen Fleckchen Gras zu spazieren und davon zu fressen. Und so weiter und so fort. Allmählich lerne ich die Unterschiede zwischen den verschiedenen Grassorten kennen: die blaugrünen Büschel sind bitter, die grasgrünen sind süß und viel besser.

Kauen, kauen, kauen. Das zerkaute Gras in das Röhrchen an meinem künstlichen Pansen spucken, den ich mir an den Oberkörper geschnallt habe. Zu einem neuen Fleckchen Gras gehen. Wie vorhergesehen fällt es mir wegen meines unpraktisch kurzen Halses schwer, mit dem Mund an das Gras heranzukommen. Ich entwickle eine Methode, bei der ich mich auf die Vorderbeine knie und das Gesicht in ein besonders grünes Grasbüschel drücke, so viel Gras ausreiße, wie in meinen Mund passt, mich dann wieder aufrichte und es kaue, bevor ich es für später in meinen Pansen spucke.

Wie ich feststelle, bin ich als Ziege ganz gut, solange ich mich aufwärts bewege. Ich bin schon ein ziemlich kurioses Tier: eine Ziege, die nur bergauf gehen kann. Und jetzt, wo ich nicht mehr scheppere und schnaufe, sondern ruhig umherwandere und Gras fresse, wie es eine Ziege tut, sind meine Ziegenkollegen viel zutraulicher. Geradezu neu-

gierig. Ich frage mich, was sie von mir halten. Ein paar kommen zu mir herüber, um mich zu begutachten, und schnuppern an meinem Gesicht. Ich versuche zurückzuschnuppern und ignoriere dabei meine menschliche körperliche Abneigung gegen ihren Atem: Er riecht stark nach gärendem Gras, wie Silage. Manche wirken zu Anfang ein bisschen ängstlich, aber als sie sehen, dass ich mir wie sie das Gras schmecken lasse, legen sie ihre Scheu ab. Besonders eine der Ziegen, Ziege Nummer 18, verbringt fast den ganzen Tag in meiner Nähe. Es ist irgendwie süß: Ich gehe ihr nach, wenn sie zu einem anderen Fleckchen Gras weiterzieht, und ebenso bleibt sie an meiner Seite, sobald ich mich wegbewege.

Wegen meiner Neigung, bergauf zu laufen, bin ich auf einmal mittendrin und stehe an einem höheren Punkt des Hügels als die meisten anderen Ziegen. Als ich vom Grasen aufblicke, merke ich, dass mich die gesamte Herde anstarrt. Auf einmal ist es ganz still geworden. Keiner kaut mehr.

Es ist wie in einem Western, wenn im Saloon plötzlich alles verstummt, weil jemand hereinkommt und etwas Provozierendes tut, etwas, was die bestehende Ordnung durcheinanderzubringen droht. Ich schaue, und die Ziegen schauen zurück, und allmählich wird mir ein bisschen mulmig zumute, denn ihre Hörner sind ganz schön spitz und manche der Ziegen so groß wie ich, und mir wird bewusst, dass sie auch viel stärker und wendiger sind als ich.

Es war alles so gut gelaufen, aber vielleicht habe ich unabsichtlich einen Ziegen-Fauxpas begangen. Ich erinnere mich davon gelesen zu haben, dass es ein Zeichen von Dominanz sein kann, wenn man das am höchsten stehende Tier einer Herde ist. Womöglich habe ich gerade, ohne es zu merken, die Machthierarchie der Ziegen durcheinandergebracht. Ups!

Zu meiner Beschämung muss ich gestehen, dass ich glaube, ich könnte im Fall eines Kampfes mit meiner Vorderbeinprothese einen ganz guten rechten Haken austeilen. Beschämung deshalb, weil Ziegen nicht boxen. Ich sollte eher an Kopfstöße denken. Wenn ich mich entscheiden müsste, ob es mir lieber ist, auf Ziegenart zu kämpfen und unten in der Rangordnung zu landen oder mit unfairen Methoden einen Platz weiter oben zu erringen, tendiere ich zu Letzterem.

Es kommt aber gar nicht so weit. Ich glaube, es ist Ziege Nummer 18, die einschreitet und die Lage entschärft. Sie löst die festgefahrene Situation, indem sie einfach mitten durch die Gruppe spaziert und anfängt herumzulaufen. Die anderen Ziegen tun es ihr nach, und die spürbare Anspannung in der Herde lässt nach. Wir wandern wieder über die Wiese, kauen und schweifen dabei gemeinsam über die Hügelkuppe.

Oben: Das schlammige Orange deutet auf das Vorhandensein von Zucker hin. Unten: Lecker!

So könnte ich die gesamte nächste Woche verbringen … Nur dass es gegen Ende des Tages zu regnen anfängt. Die Regenjacke, die meine Mutter genäht hat, hält mich zwar ganz gut trocken, aber von der Anstrengung bin ich nass geschwitzt, sodass ich bald zu zittern anfange. Und trotz des vielen Grases bekomme ich Hunger. Und habe kalte Füße. Und die Aussicht, die Nacht hier draußen zu verbringen, bei Temperaturen um den Gefrierpunkt, ist nicht gerade angenehm. Ich sinniere, wie schön es wäre, am warmen Feuer zu sitzen.

Ich habe an einem Tag mehr Gras verzehrt als in meinem ganzen Leben davor. Auch wenn ich es in meinen künstlichen Pansen gespuckt habe, habe ich beim Kauen einiges davon verschluckt. Es schmeckt gar nicht schlecht, aber da mir natürlich diese wunderbare Mikrobenfarm fehlt, die sich im Pansen einer Ziege befindet, war es für mich nicht sehr nahrhaft. Höchste Zeit für den Schnellkochtopf.

Wir finden ein Plätzchen, wo ich mit meinen menschlichen Händen ein menschliches Feuer mache. Man soll einen Schnellkochtopf ja nicht auf offenem Feuer erwärmen, weil durch die ungleichmäßige Hitze Explosionsgefahr besteht, aber inzwischen ist mir das egal. Ich schütte das zerkaute Gras aus meinem künstlichen Pansen in den Topf, schließe den Deckel, stelle den Topf aufs Feuer und trete ein Stück zurück.

Es dauert nicht lange, bis das Ventil durch den Dampf nach oben getrieben wird, ein Zeichen dafür, dass sich im Topf Druck aufgebaut hat. Ich nehme den Topf vom Feuer. Das Explosive an der Dampfexplosion besteht im schlagartigen Druckabfall, der erforderlich ist, um die Faserstruktur der Zellulosemoleküle aufzubrechen, damit die Säure sie anschließend in Zucker spalten kann. Vorsichtig löse ich den Verschlussknopf des Deckels und hoffe dabei, dass es in diesem Fall zu keiner richtigen Explosion kommt. Als ich den Druck ablasse, entweicht pfeifend Dampf. Im Topf befindet sich eine Art Grassuppe, am Boden leicht angebrannt. Es sieht nicht besonders appetitlich aus. Ich füge etwas Essigsäure in Form von Essig zu dem (hoffentlich) teilweise aufgespaltenen faserigen Gras und stelle den Schnellkochtopf zurück aufs Feuer, damit die Säure die Zellulose in gute, energiespendende Zucker umwandeln kann. Nach einigen Minuten erkläre ich das Essen für fertig. Aber was genau werde ich gleich zu mir nehmen? Unverdauliche Fasern oder leckeren Zucker?

Ich habe eine Chemikalie namens Benedict-Reagenz dabei, mit der sich Zucker ganz leicht nachweisen lässt. Man gibt einige Tropfen zur Probe, bringt sie zum Kochen, und wenn sie sich orange färbt, ist Zucker vorhanden. Zeit für ein bisschen Chemie am Lagerfeuer.

Ich gieße ein wenig Grassuppe in ein Reagenzglas, füge das Benedict-Reagenz hinzu und erhitze das Ganze im Wasserbad auf der restlichen Glut. Es ist schon dunkel, doch im Schein der Taschenlampe kann ich erkennen: Die Probe hat sich orange verfärbt! Na ja, eigentlich schlammig braun, aber sie ist definitiv orangefarbener als vorher. Also ist darin irgendeine Art von Zucker enthalten! Und Zucker bedeutet Energie!

Ich koste von der unappetitlichsten Speise meines Lebens: angebrannte Grassuppe. Sie schmeckt nicht besonders süß. Und kommt mir auch nicht besonders nahrhaft vor. Ich denke über die Erfolgsaussichten der Ziegendiät nach und komme zu dem Schluss, dass sie schlecht genug schmeckt, um mit ein bisschen Marketing zum Renner zu werden.

Als wir schließlich zum Hof zurückkehren, lädt Rita uns zum Abendessen ins Haus ein. Noch nie war ich so dankbar. Drinnen ist es so gemütlich. Rita hat einen großen Topf Ziegeneintopf gekocht, dazu gibt es Brot und Ziegenkäse. Ich begehe Kannibalismus. Es ist verstö-

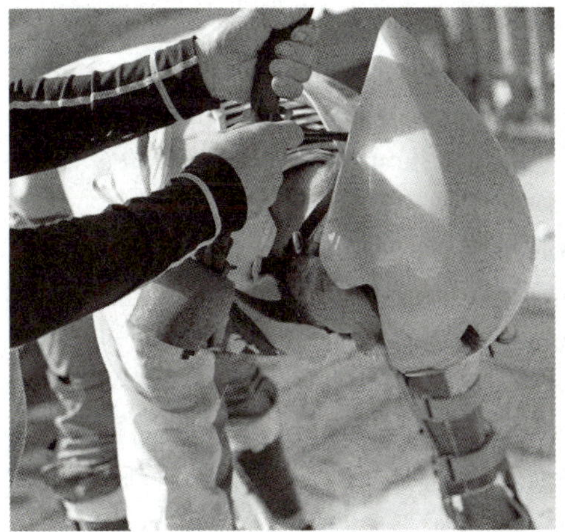

Sepp hängt mir eine Ziegenglocke um den Hals.
Ich gehöre jetzt zu seiner Herde.

rend, aber nachdem ich mich einen Tag lang nur von Gras ernährt habe, schmeckt es echt lecker. Verstörend. Aber lecker. Wirklich ziemlich verstörend. Aber so lecker!

Sepp und Rita sind verständlicherweise neugierig, was der Zweck der heutigen Unternehmung war. Ich erzähle ihnen alles und dass es mit der Idee anfing, den menschlichen Sorgen zu entfliehen.

»Du bist aus der Stadt«, meint Sepp. »Deswegen bist du so überspannt. Hier oben würdest auf eine so närrische Idee gar nicht kommen.«

Sie waren seit Monaten nicht mehr unten in der Stadt, obwohl Rita bald hinfahren muss, um den selbst gemachten Ziegenkäse zu verkaufen. Sie freut sich nicht darauf. Ich verstehe, worauf Sepp hinauswill. Wenn es beim Ziegendasein darum geht, ein einfaches Leben zu führen, wäre es vielleicht naheliegender, Ziegenbauer zu werden.

»Wie geht es jetzt weiter?«

»Na ja, ich muss versuchen, die Alpen zu überqueren.«

»Ha! Du hättest ein Steinbock werden sollen.«

Ich frage ihn, ob er schon mal einen gesehen hat. Ja, schon oft. Steinböcke sind erstaunliche Geschöpfe, die hier oben sogar im Winter bei Eis und Schnee überleben können. Sepp erzählt uns, dass manchmal ein Steinbock vom Berg herunterkommt und sich mit einer Ziege paart, aber das Kitz …

»Die sind nicht zu bändigen. Sie springen über alle Zäune.«

Sepp erzählt mir etwas Ermutigendes. Er hat mit Tomas gesprochen, dem Ziegenbauern unten im Tal, der mich auf der Weide beobachtet hat. »Tomas meint, dass dich die Herde akzeptiert hat.«

»Wirklich? … Also, ich hatte auch das Gefühl.«

»Ja, er sagt, er hat dich gesehen, und du wurdest von ihnen akzeptiert.«

Also hielten mich die Ziegen vielleicht eine Weile lang für eine Ziege, und ich hielt mich für eine Ziege, und so vielleicht einen Moment …

Wir bleiben drei Tage lang auf dem Hof. Ich lerne, meine Beine auf unwegsamem Gelände zu benutzen und mich wie eine Ziege zu bewegen, ohne ständig auf meine Füße zu schauen, und auch beim Bergabgehen mache ich Fortschritte.

Doch schon bald wird es Zeit, den Steinbock in mir zu wecken und die Alpenüberquerung in Angriff zu nehmen. Zum Abschied hängt Sepp mir eine seiner Ziegenglocken um den Hals. Nun fühle ich mich nicht nur von den Ziegen, sondern auch vom Ziegenhirten akzeptiert, doch ich muss fort, schließlich habe ich ein Versprechen einzulösen. Ein Versprechen, das ich als Mensch gegeben habe und als Ziege einlösen soll. Wir ziehen los in die Berge, und … verzeihen Sie, geneigter Leser, aber bald gelangen wir an eine Brücke, und ich gehe *tripp-trapp, tripp-trapp* über die Brücke hinein in das Reich der Fantasie. Unser Weg ist beschwerlich, wir müssen viele Prüfungen und Strapazen überstehen. Ich esse viel leckeres Gras.

Immer weiter wandern wir hinauf, bis wir an einem Gletscher ankommen. Auf dem Gipfel des Gletschers endet die Schweiz und beginnt Italien. Wenn wir den Gletscher erklimmen, haben wir sozusagen die Alpen überquert, denn es fehlt nur noch der Abstieg hinunter nach Italien.

Ein Mann fällt vom Himmel und fragt mich, was ich tue. Ich antworte: »Manche Menschen träumen davon, ein Vogel zu sein. Ich träume davon, eine Ziege zu sein.«

»Ja, cool!«, meint er.

Ich klettere weiter und weiter. Ob wir es schaffen?

Fast.

Epilog

Um Sie auf den neuesten Stand zu bringen.

Winter:
»Thomas, der Arzt meint, es liegt an Granulomen, dass meine Augen so schlecht geworden sind. Verpass bloß deinen Flug nicht.«
Ich verpasse meinen Flug.

Sommer:
»Hallo Thomas! Ich arbeite als Redakteur für die Website Motherboard, das Tech-Magazin von Vice. In einem Tweet bin ich auf Ihr neuestes Projekt ›Mein Leben als Ziege‹ gestoßen, und ich habe auch das Foto gesehen und bin total begeistert. Würden Sie mir mehr darüber erzählen?«

Winter:
»Unser heutiger Gast Thomas Thwaites hat als Ziege gelebt …«
»Übrigens, unsere Hörer hätten gern, dass Sie mal blöken.«

Sommer:
»Es ist ein Mädchen!«

Winter:
»Der Gewinner des Ig-Nobelpreises für Biologie ist … Thomas Thwaites.«

Epilog

Sommer:
»Ich wollte Sie schon länger fragen, ob Sie bereit wären, uns Ihr Projekt ›Mein Leben als Ziege‹ vorzustellen, da wir einen Ankauf für die ständige Sammlung unseres Museums erwägen.«
»Leider fanden sich nicht ausreichend Unterstützer für den Ankauf.«

Winter:
»Es ist ein Junge!«

Geneigte deutschsprachige Leserinnen und Leser, seit ich in die Schweizer Alpen entschwunden bin, ist einige Zeit ins Land gegangen. Wie ich mich entsinne, war ich nach meiner Heimkehr einfach nur dankbar für die Annehmlichkeiten des menschlichen Lebens: KAFFEE! EIN BETT! WÄRME!

Aber nachdem die anfängliche Dankbarkeit für meine zurückerlangten Privilegien abgeflaut war, wuchs mein Unbehagen: Was war das eigentlich gerade gewesen? Ich hatte versucht, als Ziege zu leben … Tja, mit dieser Leiche im Keller (ja, ich habe Venus Knochen aufbewahrt) kann ich mir eine Karriere in der Politik wohl abschminken. Als die Medien Wind von meiner Unternehmung bekamen, entwickelte sich daraus schnell ein riesiger Rummel, unter dem Motto »Staatlich geförderter Künstler lebt als Ziege« und so weiter. Es ist schon seltsam: Einerseits wollte ich von meiner Verwandlung in eine Ziege berichten, meine Geschichte loswerden, und es ist ja auch ganz schön, nicht auf völliges Desinteresse zu stoßen. Aber andererseits gab es irgendwann einen Punkt, an dem ich genug davon hatte, es immer wieder gefühlt jedem Boulevardjournalisten und Radiomoderator zu erzählen, die mit meinem unter die Haut gehenden Erlebnis den freien Platz zwischen der Werbung füllen wollten …

Zumal ich keine Antwort auf die einzige Frage hatte, die jeden Journalisten (und den Verlag, der mein Buch auf Deutsch veröffentlicht) interessierte.

Der Ziegenexperte Dr. McElligott hat grob zusammengefasst gesagt, dass wir Menschen mit Geschichten leben und sterben. Eine gute Geschichte braucht einen Spannungsbogen: Ein Held zieht los ins Unbekannte, auf der Suche nach einem Elixier, einem MacGuffin, irgendeiner Antwort, die ihn und seine Art retten wird. Der Held muss viele Prüfungen und Strapazen überstehen, und schließlich kommt es zum entscheidenden Höhepunkt. Er erreicht sein Ziel! Vielleicht bekommt er nicht das, was er wollte, aber doch das, was er braucht. Und kehrt als neuer Mensch zurück.

300 Journalisten:
»Und, Thomas, was haben Sie nun daraus gelernt?«

Was ich gelernt habe? Ich rutsche auf meinem Stuhl herum. Was ich gelernt habe? Was der Sinn der ganzen Unternehmung war? Also, ich habe gelernt, dass manches Gras ganz gut schmeckt. Ich habe gelernt, dass ich kaffeesüchtig bin. Ich habe gelernt, dass ich nicht besonders zäh und ganz bestimmt kein Alphatier bin. Aber irgendwie reicht das alles nicht … Natürlich könnte ich mir etwas ausdenken, damit diese Journalisten ihren Spannungsbogen bekommen und ihre Story abschließen und dem Ganzen eine Bedeutung geben können … Vielleicht sollte ich sagen, ich habe begriffen, dass Ziegen wahnsinnig kluge Tiere sind, die im Einklang mit Mutter Natur leben, und dass wir mit unserem Planeten so umgehen sollten wie Ziegen. Oder dass wir uns von der strikten sozialen Rangordnung bei Ziegen für unsere menschliche Gesellschaft etwas abschauen könnten. Wenn jeder seinen Platz kennen würde, ließen sich unnötige Konflikte vermeiden. Oder dass man mit der Ziegendiät super in Form kommt und sich großartig fühlt! Melden Sie sich noch heute an und erhalten Sie meinen wirklich simplen Ernährungsplan!

Vielleicht habe ich ein paar dieser Dinge im Kreis von Medienvertretern geäußert, geneigter Leser. Vergeben Sie mir, wenn es so war.

Aber was ich vor allem von meiner Zeit bei den Ziegen mitgenommen habe, ist ein Gefühl des Unbehagens. Damals dachte ich, das kommt vielleicht von meiner Angst, ausgelacht zu werden (was für eine Ironie: In meinem Projekt geht es darum, sozialen Zwängen zu entkommen, und dann löse ich mit der Dokumentation dieses Projekts einen Medienrummel aus). Ich konnte wohl schlecht sagen, dass ich nach all meinem Trachten, nach meinem Ringen um eine transzendentale Erfahrung zurückkam und mir Sorgen darüber machte, wie ich in den Medien rüberkam.

Nein. Das wäre kein zufriedenstellender Ausgang.

Aber leider kann ich auch nicht wahrheitsgemäß behaupten, mich in eine Ziege verwandelt zu haben, weder geistig noch körperlich. Eher war ich die meiste Zeit ein frierender, leidender, müder Mensch, der sich fragte, wie er eigentlich auf diese dumme Idee gekommen war.

Allerdings …

Damals verstand ich es nicht, aber vor Kurzem ist mir klar geworden, dass ich mich auf dieser Schweizer Alp merkwürdigerweise verloren habe. Ich habe meinen Begriff von der Vergangenheit und der Zukunft verloren. Mir ist das Grundgerüst meines menschlichen Daseins abhandengekommen, ein Gerüst, dessen Existenz mir nicht bewusst war. Mein Projekt, eine Ziege zu werden, war verstörend, denn eine Religion zu verlieren ist verstörend.

Der Kulturanthropologe Ernest Becker stellte 1973 in seinem Buch »*Die Überwindung der Todesfurcht*« die These auf, dass unsere Religionen, Identitätssuchen und Ideologien alle Reaktionen auf das schreckliche Wissen sind, dass wir sterben werden. Die Unausweichlichkeit unseres Todes sei so furchterregend (wenn auch nur unbewusst), dass wir den Großteil unserer Energie darauf verwenden würden, mit dieser Furcht umzugehen – wir wünschen uns verzweifelt, Teil von etwas Größerem zu sein, etwas, das nach unserem Tod fortbesteht.

Ich bin nicht religiös und auch nicht besonders patriotisch, und da ich zur Kritikfähigkeit erzogen wurde, gelingt es mir ganz gut, meine

Überzeugungen infrage zu stellen und auch die allgemeine Sinnlosigkeit zu akzeptieren. Dachte ich zumindest. Tatsächlich war ich vor meiner Zeit zusammen mit den Ziegen so naiv zu glauben, ich sei frei von Ideologien.

Allerdings habe ich als Kind viel »*Star Trek – Das nächste Jahrhundert*« gesehen, eine US-amerikanische Science-Fiction-Serie, die vor den Terroranschlägen am 11. September 2001 entstand. Darin ist die Menschheit unter einer Art interplanetarischer Regierung vereint, die nach Frieden und Wissen strebt. Dank der »Replikatoren« (eine Art magischer 3-D-Drucker) stehen Ressourcen unbegrenzt zur Verfügung, wodurch das zentrale Problem des Wirtschaftslebens beseitigt ist. Das klingt alles ziemlich naiv und aus der Zeit gefallen, da stimmen Sie mir sicher zu.

Nur werden wir natürlich als Kinder sozialisiert, und man erzählt uns Geschichten über unseren Platz in der Welt, durch die wir gewisse Überzeugungen über die Vergangenheit und die Zukunft verinnerlichen. Und mir wurde klar, dass mich der Versuch, eine Ziege zu werden, deshalb so sehr beunruhigte, weil er in direktem Widerspruch zu der Vorstellung stand, dass wir den von »*Star Trek – Das nächste Jahrhundert*« vorgegebenen Zielen nacheifern sollten. Letztlich musste ich einen Glauben aufgeben, von dem ich nicht gewusst hatte, dass ich ihm anhing. Ich will nicht sagen, dass es schlicht der Glaube an den »Fortschritt« war (oder daran, dass wir eines Tages eine »interstellare Spezies« werden und so), eher daran, dass ich einen winzigen Beitrag zur … Vermehrung von etwas leiste.

Ich meine, die Sicht einer Ziege auf ihre Umwelt ist heute nicht anders als vor tausend Jahren, »wir Menschen« dagegen haben unsere Sicht schon viele Male verändert. Keine Ziege kann mit dem Begriff kosmische Mikrowellenhintergrundstrahlung etwas anfangen oder hat die Dekolonisation vorangetrieben (oder den Neokolonialismus). Wir Menschen haben Fortschritte gemacht, und wir alle sind Teil dieses Fortschritts.

Für mich bedeutete die Verwandlung in eine Ziege, dass ich die unbewusste Vorstellung, einen Beitrag zum Fortschritt, zur »Zukunft« zu leisten, aufgeben musste.

Ernest Becker schrieb: »Der Mensch ist buchstäblich zweigeteilt: Er ist sich seiner wunderbaren Einzigartigkeit bewusst, insofern er die Natur mit seiner gewaltigen Größe überragt, und doch landet er am Ende einen Meter unter der Erde, um blind und stumm zu verrotten und für immer zu verschwinden … Dies ist ein furchterregendes Dilemma, mit dem wir leben müssen.« Oder, prägnanter gesagt: »Wir sind Götter mit einem Anus.«

Ich hatte immer demütig gedacht, der Ausweg aus der Umweltkrise, in der wir Menschen uns befinden, wäre eine Zukunft, in der »wir« Star-Trek-mäßiger, gottähnlicher werden. Auch wenn sich die Details unterscheiden, streben wir doch letztlich alle danach, mit unserem Machen und Tun, mit unserem Schreiben und unseren Visionen die Gegenwart zu verbessern. Ich war ein Technikoptimist.

Aber was wäre, wenn wir in die andere Richtung gehen, wenn wir die Vorstellung von Größe oder Gottgleichheit aufgeben würden?

Da denke ich am Schluss an einen anderen Einfluss aus meiner Jugend, *Per Anhalter durch die Galaxis* von Douglas Adams:

»Zum Beispiel waren die Menschen auf dem Planeten Erde immer der Meinung, sie seien intelligenter als die Delfine, weil sie so vieles zustande gebracht hatten – das Rad, New York, Kriege und so weiter, während die Delfine doch nichts weiter taten, als im Wasser herumzutoben und sich's wohl sein zu lassen. Aber umgekehrt waren auch die Delfine der Meinung, sie seien intelligenter als die Menschen, und zwar aus genau den gleichen Gründen.«

Danksagung

Ich weiß, dies ist nur ein schmales Buch, daher mag eine mehrseitige Danksagung etwas übertrieben wirken. Die Länge ist jedoch absolut gerechtfertigt, denn mir haben viele Menschen bei meinem Projekt, eine Ziege zu werden, geholfen, auch wenn das (wie ich jetzt weiß, wahrscheinlich) unmöglich ist (zumindest im Rahmen dessen, was ich für die Realität halte). Und eine Reihe weiterer Menschen hat mir geholfen, daraus mein zweites Buch zu machen (was sehr viel schwieriger war und um einiges länger gedauert hat als erwartet), das bald in die Welt entlassen wird (eine aufregende, aber auch ziemlich nervenaufreibende Aussicht. Oh, Mann). Ich bin Designer und habe bei diesem Projekt einen Streifzug in mehrere akademische Disziplinen unternommen, um etwas zuwege zu bringen, was … na ja, hoffentlich zumindest originell ist. Dabei ist mir klar, dass ich der Masse an Details, Argumenten und Beweisen, die über Jahrzehnte zusammengetragen wurden und es erst ermöglichen, dass wir sagen können, »wir« wissen etwas über uns und andere Tiere, nicht gerecht geworden bin. Jedes Mal, wenn ich »wir wissen« schrieb, konnte ich das nur, weil tatsächlich jemand mit Kelle oder Notizbuch irgendwo gewesen ist oder etwas ausprobiert hat. In der Regel kam nichts dabei heraus. Aber gelegentlich ist jemand auf etwas gestoßen, und er und andere konnten aufgrund ihrer Ausbildung erkennen, dass es bedeutsam ist, und darüber schreiben. Und so wurde es zu einem der vielen Beweise, die meinen Versuch, eine Ziege zu werden, für mich interessant gemacht haben (und ich hoffe wirklich, geneigter Leser, dass es auch für Sie interessant ist).

Danksagung

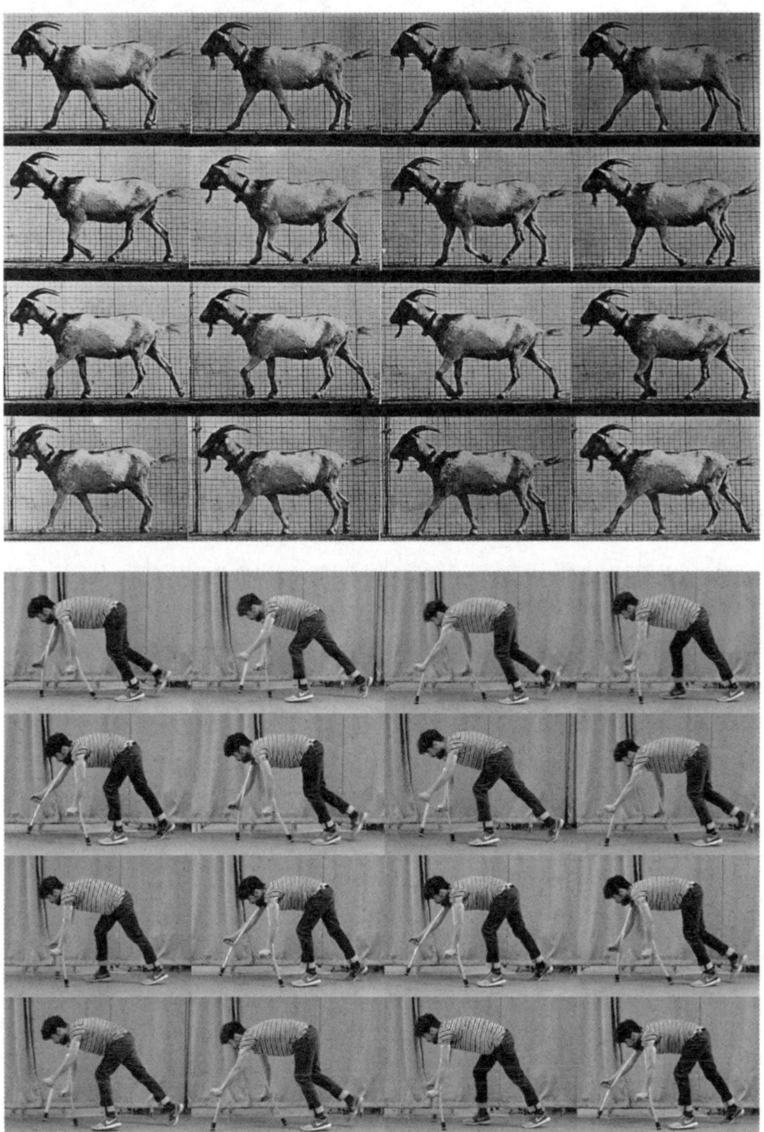

Ich danke:

Sioban Imms für ihre Hilfe, Unterstützung und Liebe. Simon Gretton, Freund, Videofilmer und erstklassiger Editor, dafür, dass du erneut bei einem hirnrissigen Projekt mitgemacht und mir viel zugesehen hast. Dem Wellcome Trust dafür, dass er meinen Versuch, ein Elefant zu werden, finanziert hat (und dabei geblieben ist, als ich etwas anderes wurde). Ohne sie gäbe es weder das Projekt noch dieses Buch. Tim Bowditch nicht nur für seine brillanten Fotos, sondern auch für eine Menge anderer Dinge. Daniel Alexander für seine großartigen Fotos trotz des Tuberkuloserisikos. Sara Stemen dafür, dass sie dieses Buch lektoriert und meine häufige Unentschlossenheit ertragen hat. Paul Wagner für die Gestaltung und allen bei Princeton Architectural Press für die Veröffentlichung.

Der Familie Thwaites. Der Familie Imms. Der Familie Percy-Xu. Kitty Nunnely für ihre beruhigenden Worte und kenntnisreichen Kommentare zu verschiedenen Fassungen dieses Buchs, ferner Noggin Nunnely und dem Rest der Familie Nunnely. Der Familie Wayman (besonders Vito dafür, dass er es geschafft hat, der Queen zu schreiben – die nie geantwortet hat). Steve Furlonger von Windsor Workshop Ltd. für all seine Hilfe und Unterstützung bei diesem Projekt

(Beine *und* Pansen) wie auch bei meinen anderen Versuchen in den vergangenen zwanzig Jahren, in dieser Werkstatt etwas zu bauen.

Austin Houldsworth dafür, dass er mich dabei fotografiert hat, wie ich mich zum Affen mache (und willkommen in der verrückten Welt, *Thomas* Houldsworth!). Vera Marin für ihre unschätzbare Unterstützung. YiWen Tseng für ihre Hilfe bei Knochen, sowohl physisch als auch digital. Liam McGarry, der hoffentlich Neuseeland genießt. Harry Trimble für seine Schreib- und Mathekompetenzen. Bernd Hopfengärtner für seine Drohnenflüge und Deutschkenntnisse. Michael und Kerran dafür, dass ich in ihrer Galerie Studio 1.1 meine Ziegenausstellung präsentieren durfte. Der Akademie Schloss Solitude dafür, dass ich mein Projekt in aller Ruhe entwickeln und in der Werkstatt meinen Prototypen Nummer 2 bauen konnte. Allan Newton dafür, dass er mir die Grenzen von Prismen und optischen Faserbündeln erklärt hat.

Seele – Annette Høst für ihren aufrichtigen, klugen und offenen Rat.

Geist – Bob, Gower und allen anderen bei Buttercups für die Arbeit, die sie leisten, und dafür, dass sie mich bei meiner so unterstützt haben. Dr. Alan McElligott, Luigi Baciadonna und Dr. Juliane Kaminski für Gespräche über Ziegen. Dr. Joe Devlin dafür, dass er auf den Wunsch meines Gehirns einging, sich stimulieren zu lassen.

Körper – Dr. Glyn Heath und Geoff für ihre Arbeit an den Prothesen, Spaß und Einblicke. Professor John Hutchinson dafür, dass er mir so großzügig seine Zeit und sein Wissen geschenkt hat. Dr. Alexander Stoll dafür, dass er mit mir seziert hat, Sophie Regnault dafür, dass sie zweimal mit mir seziert hat, und Richard Prior dafür, dass er Venus Knochen gereinigt hat. Ivan Thorley von Puppets with Guts für Metallarbeiten, Tee und Verständnis.

Eingeweide – Dr. Alison Kingston-Smith und Professor Jamie Newbold von der Aberystwyth University dafür, dass sie mir alles über die Funktionsweise des Pansens erzählt haben.

Ziegenleben – Rita und Joseph Waser.

AUSGEWÄHLTE BIBLIOGRAFIE

EINLEITUNG

Becker, Ernest, *The Denial of Death*. New York: Free Press, 1985 [1. Aufl. 1973]; dt. unter dem Titel *Die Überwindung der Todesfurcht*, aus dem Engl. von Eva Bornemann, München: Goldmann, 1985

SEELE

Aubert, Maxime, Adam Brumm, M. Ramli, Thomas Sutikna, E. Wahyu Saptomo, B. Hakim, M. J. Morwood, Gerrit D. van den Bergh, Leslie Kinsley und Anthony Dosseto, *Pleistocene cave art from Sulawesi, Indonesia*, in: *Nature* 514, Nr. 7521 (2014), S. 223–227

Bednarik, Robert G., *Pleistocene palaeoart of Africa*, in: *Arts* (Multidisciplinary Digital Publishing Institute) 2, Nr. 1 (2013), S. 6–34

McComb, Karen, Lucy Baker und Cynthia Moss, *African elephants show high levels of interest in the skulls and ivory of their own species*, in: *Biology letters* 2, Nr. 1 (2006), S. 26–28

Willerslev, Rane, *Soul Hunters: Hunting, Animism, and Personhood Among the Siberian Yukaghirs*, Oakland: University of California Press, 2007

GEIST

Briefer, Elodie F. und Alan G. McElligott, *Rescued goats at a sanctuary display positive mood after former neglect*, in: *Applied Animal Behaviour Science* 146, Nr. 1 (2013), S. 45–55

Briefer, Elodie F., Federico Tettamanti und Alan G. McElligott, *Emotions in goats: mapping physiological, behavioural and vocal profiles*, in: *Animal Behaviour* 99 (2015), S. 131–143

Clayton, Nicola S. und Anthony Dickinson, *Mental Time Travel: Can Animals Recall the Past and Plan for the Future?*, in: *Encyclopedia of Animal Behavior* (2010), S. 438–442

McBrearty, Sally und Alison S. Brooks, *The revolution that wasn't: a new interpretation of the origin of modern human behavior*, in: *Journal of human evolution* 39, Nr. 5 (2000), S. 453–463

Pinker, Steven. *The Better Angels of Our Nature*, New York: Viking, 2011

Slobodchikoff, C. N., William R. Briggs, Patricia A. Dennis und Anne-Marie C. Hodge, *Size and shape information serve as labels in the alarm calls of Gunnison's prairie dogs Cynomys gunnisoni*, in: *Current Zoology* 58, Nr. 5 (2012), S. 741–748

Sommer, Volker und Amy R. Parish, *Living Differences: The Paradigm of Animal Cultures*, in: *Homo Novus – A Human Without Illusions*, hrsg. von Ulrich J. Frey, Charlotte Störmer und Kai Willführ, Heidelberg: Springer, 2010, S. 19–33

Suddendorf, Thomas, *The Gap: The Science of What Separates Us from Other Animals*, New York: Basic Books, 2013; dt. unter dem Titel *Der Unterschied. Was den Mensch zum Menschen macht*, aus dem Engl. von Gabriele Gockel, Bernhard Jendricke und Barbara Steckhan, Berlin: Berlin Verlag, 2014

Wrangham, Richard, *Did Homo sapiens selfdomesticate?* (Vortrag auf dem CARTA-Symposium: Domestication and Human Evolution, Salk Institute for Biological Studies, Kalifornien, 10. Oktober 2014, carta.anthropogeny.org/events/domestication-and-human-evolution)

KÖRPER

Wilson, Frank R., *The Hand*, New York: Pantheon Books, 1998

EINGEWEIDE

Chandel, Anuj K. et al., *Dilute Acid Hydrolysis of Agro-Residues for the Depolymerization of Hemicellulose: State-of-the-Art*, in: *D-Xylitol: Fermentative Production, Application and Commercialization*, hrsg. von Silvio Silvério da Silva und Anuj Kumar Chandel, New York: Springer Life Sciences, 2012

Kingston-Smith, Alison H., Joan E. Edwards, Sharon A. Huws, Eun J. Kim und Michael Abberton, *Plant-based strategies towards minimising »livestock's long shadow«*, in: *Proceedings of the Nutrition Society* 69, Nr. 4 (2010), S. 613–620

Sun, Ye und Jiayang Cheng, *Hydrolysis of lignocellulosic materials for ethanol production: a review*, in: *Bioresource Technology* 83, Nr. 1 (2002), S. 1–11

Van Nood, Els, Anne Vrieze, Max Nieuwdorp, Susana Fuentes, Erwin G. Zoetendal, Willem M. de Vos und Caroline E. Visser et al., *Duodenal infusion of donor feces for recurrent Clostridium difficile*, in: *New England Journal of Medicine* 368, Nr. 5 (2013), S. 407–415

ZIEGENLEBEN

De tre bukkene Bruse, in: *Norske Folkeeventyr*, hrsg. von Peter Christen Asbjørnsen und Jørgen Moe (1843)

EPILOG

Adams, Douglas, *Per Anhalter durch die Galaxis*, Rogner & Bernhard bei Zweitausendeins 1981, aus dem Engl. von Benjamin Schwarz. Angeglichen an die neue Rechtschreibung.

BILDNACHWEIS

Schutzumschlag Vorderseite, Autorenfoto: Tim Bowditch; S. 13 links: © Brooks Kraft/Corbis; S. 13 rechts: Mark Nunnely; S. 15: Jenny Paton, Wellcome Trust; S. 16–17: Richard Erdoes, Hirschtanz der Tewa im Ohkay Owingeh Pueblo, ca. 1977. Mit freundlicher Genehmigung der Beinecke Rare Book and Manuscript Library, Yale University; S. 20: Thomas Thwaites; S. 21: Benjamin Waterhouse Hawkins, *Man, and the elephant,* aus: Benjamin Waterhouse Hawkins, *A comparative view of the human and animal frame* (1860), Tafel sechs. Mit freundlicher Genehmigung des University of Wisconsin Digital Collections Center; S. 23 oben links: Frank Stuart, Nellie, ca. 1950. Mit freundlicher Genehmigung von Reuben Hoggett, cyberneticzoo.com; S. 23 oben rechts: Kybernetische anthropomorphe Maschine, entwickelt von General Electric in den 1960er-Jahren. Mit freundlicher Genehmigung des miSci, Museum of Innovation & Science, Schenectady, New York; S. 23 unten: Guilhem Vellut, *Les Machines de l'Ile @ Nantes,* 2012. flickr.com/photos/o_0/7936101566. Creative Commons BY 2.0. Bild zugeschnitten; S. 28, 31: Thomas Thwaites; S. 33 oben: Nicolaas Witsen, *Een Schaman ofte Duyvel-priester. From Noord en Oost Tartaryen: Behelzende eene beschryving van verschiedene Tartersche en nabuurige gewesten* (M. Schalekamp, 1705), S. 662. Universität Gent, digitalisiert von Google Books; S. 33 Mitte: Alphonso Roybal, *Jäger- oder Hirschtanz,* ca. 1932, aus: C. Szwedzicki, *Pueblo Indian Painting; 50 reproductions of watercolor paintings* (Nizza, Frankreich, 1932). Mit freundlicher Genehmigung der University of Cincinnati Libraries, Archives and Rare Books Library; S. 33 unten, links und rechts: Richard Erdoes, Hirschtanz der Tewa im Ohkay Owingeh Pueblo, ca. 1977. Mit freundlicher Genehmigung der Beinecke Rare Book and Manuscript Library, Yale University; S. 34: Der Löwenmensch vom Hohlenstein-Stadel. Foto: © Sabrina Stoppe. Mit freundlicher Genehmigung des Museums Ulm, Deutschland; S. 35 oben: Pendant du Sorcier, Salle du Fond in der Höhle Chauvet-Pont d'Arc (Ardèche, Frankreich). Foto: J.-M. Geneste © MCC/Centre National de Préhistoire; S. 35 unten: Die Speerszene in der Höhle von Lascaux (Dordogne, Frankreich). Foto: N. Aujoulat © MCC/ Centre National de Préhistoire; S. 36 oben: Henri Breuil, *Le sorcier dansant,*

Ariège, Frankreich, ca. 1920, aus: H. Bégouën and H. Breuil, Un dessin relevé dans la Caverne des Trois Frères à Montesquieu-Avantès (Ariège), in: *Comptes rendus des séances de l'Académie des Inscriptions et Belles-Lettres* 64. Jahrgang, Nr. 4, 1920, S. 305. Mit freundlicher Genehmigung der Wellcome Library, London. Creative Commons BY 4.0; S. 36 unten: Henri Breuil, *Homme masqué en Bison jouant de la flûte*, Ariège, Frankreich, ca. 1930, aus: *Un dessin de la grotte des Trois frères (Montesquieu-Avantès) Ariège*, in: *Comptes rendus des séances de l'Académie des Inscriptions et Belles-Lettres*, 74. Jahrgang, Nr. 3, 1930, S. 262. Mit freundlicher Genehmigung der Wellcome Library, London. Creative Commons BY 4.0; S. 50–51: Sioban Imms; S. 53: Vera Marin; S. 54, 55: Thomas Thwaites; S. 67: © Araldo de Luca/Corbis; S. 68: Ein Baby, das direkt aus der Zitze einer Ziege gefüttert wird, Postkarte, Havanna, Kuba (Havanna: C. Jordi, ca. 1930). Mit freundlicher Genehmigung der Wellcome Library, London. Creative Commons BY 4.0; S. 74: Liberia Official Scott O48, 5-Cent-Briefmarke, Schimpanse, 1906, bigblue1840-1940.blogspot.com/2013/07/ClassicStampsofLiberia1860-1914.html, S. 84, 89, 91: Sioban Imms; S. 94–95: Tim Bowditch; S. 97: Vera Marin; S. 99: Tim Bowditch; S. 101: Tim Bowditch; S. 101–103, 109, 111: Thomas Thwaites; S. 112: © Fahad Shadeed/Reuters/Corbis; S. 114, 117: Thomas Thwaites; S. 121, 123: Austin Houldsworth; S. 124, 125: Thomas Thwaites; S. 127, 129, 130 links: Daniel Alexander; S. 130 rechts: Gerard de Lairesse, Kupferstich eines sezierten menschlichen Arms, 1685. Tafel aus der *Anatomia Humani Corporis* (Bidloo, 1685). Mit freundlicher Genehmigung der Wellcome Library, London. Creative Commons BY 4.0; S. 131: Liam Finn McGarry; S. 132–133: Thomas Thwaites; S. 135: Daniel Alexander; S. 136: Thomas Thwaites; S. 138 links: YiWen Tseng; S. 138 rechts, 142: Thomas Thwaites; S. 144: Dr. Glynn Heath; S. 148–209: Tim Bowditch; S. 217 oben: Eadweard Muybridge, *Gehende Ziege*, 1887 (Philadelphia: University of Pennsylvania, 1887). Mit freundlicher Genehmigung der Wellcome Library, London. Creative Commons BY 4.0; S. 217 unten: Austin Houldsworth; S. 218: Tim Bowditch

IMPRESSUM

Die Originalausgabe ist 2016 unter dem Titel „GoatMan. How I Took a Holiday from Being Human“ bei Princeton Architectural Press erschienen, eine Abteilung von Chronicle Books LLC, San Francisco.

Postfach 860366, 81630 München

POLYGLOTT

POLYGLOTT ist eine eingetragene Marke der GRÄFE UND UNZER VERLAG GmbH

ISBN 978-3-8464-0980-0
1. Auflage 2023

Redaktion und Projektmanagement: Susanne Kronester-Ritter
Übersetzung: Heide Horn, Christa Prummer-Lehmair
Lektorat: Renate Nöldeke
Schlusskorrektur: Ulla Thomsen
Umschlaggestaltung und Innenlayout: Designbüro Lübbeke Naumann Thoben, Köln
Satz: Tim Schulz, Mainz
Herstellung: Renate Hutt
Repro: Ludwig media, Zell am See
Druck und Bindung: Livonia Print, Lettland

Ansprechpartner für den Anzeigenverkauf:
KV Kommunalverlag GmbH & Co. KG
Media Center München
Tel. 089/928 09 60

Bei Interesse an maßgeschneiderten B2B-Produkten:
b2b-kontakt@graefe-und-unzer.de

Leserservice
GRÄFE UND UNZER Verlag
Grillparzerstr. 12, 81675 München
www.graefe-und-unzer.de

Umwelthinweis
Nachhaltigkeit ist uns sehr wichtig. Der Rohstoff Papier ist in der Buchproduktion hierfür von entscheidender Bedeutung. Daher ist dieses Buch auf PEFC-zertifiziertem Papier gedruckt. PEFC garantiert, dass ökologische, soziale und ökonomische Aspekte in der Verarbeitungskette unabhängig überwacht werden und lückenlos nachvollziehbar sind.

Ein Unternehmen der
GANSKE VERLAGSGRUPPE